甲子園だけが
高校野球ではない

監修
岩崎 夏海
Natsumi Iwasaki

廣済堂出版

はじめに

これはまだ誰にも話したことがないのだが、今からもう三十年以上も前のこと、当時小学五年生で、三井台ユニコンズという、少年野球チームの正捕手を務めていたぼくは、人生の中でいまだこれ以上のものがないというくらいの、強い衝撃を味わった。京王線百草園《もぐさえん》駅からほど近い、百草台小学校の校庭で行われたその試合で、積年のライバルと対戦した自分のチームは、最終回の裏まで一点差で勝っていた。

ところが最終回の裏、ツーアウトながらランナー二塁のピンチで相手の五番バッターを迎えたぼくは、大いなる緊張の中にいた。

というのも、この五番バッターが、学年も打順も、さらにはポジションまで同じという、ぼくにとっては宿敵とも言える存在だったたからだ。だから、チームとして勝つのはもちろんのこと、何より彼を抑えることが、悲願だった。

そういう思いの中で、キャッチャーとして対戦に臨み、しかし一方では別の思いもあった。それは、ぼくが球を受けていた、チームのエースピッチャーについてだった。

このエースピッチャーは、文字通りチームの大黒柱だった。ちょうど一年前に転校してきて以来、それまで弱小だった三井台ユニコンズを、勝てるチームに生まれ変わらせた救世主のような存在であり、ぼくのヒーローでもあった。この年も、数試合を残してまだ優勝を狙える位置にとどまっていたのは、ひとえに彼の投打にわたる活躍のおかげだった。

またぼく自身は、彼のボールを受けるようになって以来、野球人として大きく成長させられたということもあった。彼が来るまでは、ピッチャーがストライクを取れないと試合中でもケンカを始めるような、短絡的で無責任な選手だったのが、彼が加入してからというもの、そうした未熟さの修正を余儀なくされた。なにしろ、ミットを構えたところに、サイン通りのボールがズバズバと投げ込まれるのだ。そうなると、今度はぼくがしっかりしなければ申し訳が立たない。彼が打たれたりするようなことがあれば、ぼくの責任になると、考え方を改めさせられたのだ。

しかもこのリーグ戦は、そんなエースピッチャーが最上級生として臨んだ最後の大会でもあった。だから、是が非でもこの試合には勝って、有終の美を飾らせてあげたいという思いもあったのである。それらさまざまな意味で、このバッターは何が何でも打ち取りたかった。

その彼との対戦を、今でも鮮明に記憶している。なにしろ、最初は簡単にストライクが二つ決まって、いきなりツーストライクと追い込んだのだ。

これは俄然《がぜん》、有利な状況だった。なにしろそのエースピッチャーは、直球が何よりの武器で、小学生離れした球速を誇り、真剣に投げ込まれたその球は、滅多なことではバットに当てさせなかったからだ。特に、高めに投げたそれは一級品で、面白いように空振りの山を築いた。

だからぼくは、そこでも高めの直球を要求した。それも、相手の空振りを誘う、釣り球のサインを出したのである。

すると、それにうなずいたエースピッチャーは、運命の三球目を投じたのだった。

そのボールは、まさにサイン通りに、要求した高め、それも手を出しやすいボールゾーンへと、唸《うな》りをあげて投げ込まれた。

すると、その投球に対し、相手バッターがスイングに入るのを、ぼくは横目で確認した。ぼくはそれを確かに見た。そしてその瞬間、「勝った！」と思った。

ところが、次の瞬間だった。ボールを捕球しにいったぼくのミットの目の前で、横なぎにはらわれた相手バッターのバットが、眼前からボールをかき消した。痛烈に弾き返されたその打球は、あっという間に左中間を深々と破っていくと、広い学校のグラウンドを、どこまでもどこまでも転がっていった。

そこから先は、実は記憶もあやふやなのだが、気づいたときには、相手バッターが目の前にあったホームベースを踏んでいた。それは、起死回生のサヨナラランニングホームランだった。

その次に気づいたときには、自宅のベッドの上にいた。気絶をしたわけではなかったらしいのだが、そこから後の記憶がないのだ。とにかく、チームの敗北が決まった瞬間から、ずっと号泣し続けていたらしい。そんなぼくを、試合を見学に来ていた父親が、抱きかかえるようにして家に運んでくれたとのことだった。

野球というスポーツには、そういうところがある。人の感情というものを、どこまでもどこまでも激しく揺さぶる、強い力が。

その力は、とりわけ高校野球の世界において発揮される。それも、甲子園大会ではなく、それへの出場を目指す中でくり広げられる地方大会においてこそ、強く出る。

この本では、そんな地方大会でくり広げられた、高校球児たちの――というよりは人間のドラマが描かれている。野球というスポーツが、人間の感情にどれほどの強い力を及ぼすのか――そのことを、純粋な人間への興味から書きつづった、そのエピソードの集積である。

岩崎夏海

目次

Story 1

隠されていたこと

――男子野球部員の話

小さい頃からずっと憧れていた高校にあっさり断られた。

野球をやり始めたころ、その高校が甲子園に出ていて、テレビから映し出されるその高校の選手たちのはつらつとしたプレー、必死さ、笑顔に魅了されたんだ。

「おれも高校生になったら、あの高校に進んで甲子園に行くんだ」

その目標がおれのファイトの源だった。

中学三年になって、おれはもちろんその高校を希望した。でも、全く力が足りず入学できなかった。夢ってこんなにもあっけなく消えてしまうものなんだなって思った。

試合で負けても泣かなかったおれだけど、あのときは、三日ぐらいワーワー泣いてすごした。

すっかり自信をなくしていたおれに、「うちの高校に来ないか？　きみみたいなやる気のある選手に来てほしいんだ」と言ってくれる高校があった。

その高校のことはよく知らなかったとはいえ、「見ていてくれる人はいるんだ」と暗いトンネルに光が差した。少し考えた末、両親に相談した。

「誘ってもらっている私立の××高校に行きたいんだ。寮なんだけど、いい監督さんで甲子園にも行けるかもしれないから」

両親は、「あなたが行きたいのなら応援するから。がんばりなさい」と快諾。

そのとき、両親がどんな思いでおれにそう言っているか、なんてことは、全く気にもしなかった。

誘ってもらったとはいえ、特待生ではない。私立だから親にお金の負担がかかってしまうけど、みんなだって普通に私立高校行ってるんだし、おれんちだって普通に通えるだろう。

その高校に合格したおれは、四月から実家を離れ、学校の寮に入った。学校の勉強、野球の練習、洗濯など身の回りのこと、新しい生活は大変だったけど、とても充実していた。何より、ずっとやりたかった高校野球に没頭できることがうれしかった。

一年の冬に徹底的に練習したのがよかったのか、一年の終わりごろから試合に出してもらえるようになり、二年の春からはベンチにも入れてもらえるようになった。

母に「もしかしたら試合に出られるかもしれないから、時間があったら見に来て」とメールをすると、「それはすごいね。時間作って見にいくね」との返信。

でも、試合のとき、スタンドを見ても、試合後に球場の周りを探しても、父の姿も母の姿もなかった。おれが代打で試合に出るようになっても、両親のどちらも、来てくれなかった。どうしたんだろう？

ある日の練習試合で中学時代のチームメイトに会うと、いきなり「お前のところ、大変だな」と言われた。「何が？」おれは何のことだかわからずに聞き返すと、「お前のオヤジさん、リストラされちゃったんだろ。ウチのオヤジ、お前の母ちゃんが学費稼ぐために昼も夜もずっと働いてるって言ってたよ」と。

え？　足元から崩れ落ちるかのような感覚におそわれた。おれ、そんなこと、聞いていない……。

すぐに母に連絡すると、「言わなくてごめん。あなたには野球に集中してもらいたいと思ってたから。でも、大丈夫だから……安心して野球がんばりなさい」。そう言われた。でも、母の声は震えていて、泣いているのがすぐにわかったんだ。

おれはどうしたらいいんだろう。野球はこのまま続けられるのか。このまま学校にも行けるのか。それより、父や母は大丈夫だろうか。中学で野球をやっている弟も大丈夫だろうか。

監督に相談すると、「一度、家に帰って両親にしっかり話を聞いてきなさい。気持ちを落ち着けてから戻ってくればいい。こっちのことは心配しないで」。そう言ってくれた。「ありがとうございます」と挨拶をして、すぐ帰宅した。

家のドアを開けると、中学生の弟がポツンと一人。おれの顔をみると、弟はワーッと泣き出した。

話を聞くと、父は昨年の夏にリストラに遭い、今もまだ、職探しをしながら日雇い労働をしていると。母も朝からパートに出て夕方に夕飯を作りに帰ってくるけど、また夜も働きに出て帰ってくるのは深夜十二時すぎ。家のローンに祖母の介護費用も重なり、それらを稼ぐため、土日もほとんど働いていると……。

知らなかったのはおれだけだったんだ。正月に帰ったときは、そんなこと全然話してくれないし、そんな素振りもなかったじゃないか。

その後、帰宅した母に話を聞いたら、おれが中学三年のときから、すでに父はリストラの対象として名前があがっていたと言う。おれが「私立高校に行って甲子園を目指したい」と言ったとき、こうなることも覚悟で、それでも両親はおれの夢を応援して「行きなさい」と言ってくれた。おれは、行きたかった高校に断られて涙したあの日以来、泣いて泣いて、泣きまくった。母もずっとずっと、泣いていた。

「家の近くの公立高校に転校する」というおれに対し、「転校したら甲子園を目指せなくなるからそれはダメ。絶対このまま今の高校に通いなさい」と言う母。父も電話で「何とかするから、今のままがんばりなさい！」と涙ながらに叫んでる。

話し合った末、寮費の負担を減らすために寮は出て、自宅から一時間半かけて通学し、野球も続けることになった。

監督に相談すると、「通いになると練習時間も短縮されて厳しくなるけど、お前はチームに必要な存在だから、これからもがんばってな」と励ましてくれた。監督は奨学金制度も紹介してくれ、何とか高校野球を続けることができた。

練習で疲れて家に帰っても母の負担を減らすため、洗い物も、掃除もした。野球道具なんて買えなくて、ストッキングも穴だらけだったけど、それを自分で縫って履いた。そんなおれに、新しいストッキングをポンと差し出してくれた監督、温かな心遣いに、おれの胸は熱くなった。

どんなに、つらくても、どんなにきつくても、おれはこの監督を甲子園に連れていくんだ。

結局、おれはレギュラーにはなれなかった。最後の夏の大会では、あの小さい頃から憧れていた高校にコールドで負けた。でも、代打で出場し、ヒットを打った。やっと見にきてくれた両親の前で、ヒットを打った。やり遂げた充実感があった。

試合後、スタンドで拍手する両親に向かって、おれは「ありがとう!」と言った。

そして、「野球をやらせてくれてありがとう!　これからは恩返しをするから。弟にも高校野球をやらせてあげたいし、おれも働くから!」と、心の中で叫んでいた。

ときどき思うのだけれど、上の世代から受けた恩というのは、全ては絶対に返せない。生んでくれただけでもありがたいのに、愛し、育ててくれた。ちょっとやそっとでは返せないものを、ぼくらはもらい続けた。

ぼくは、それを何とか返せないかと思ったこともあったけど、無理だった。あまりにも大きすぎるのだ。だから今度は、それを下の世代に引き継いでいこうと思った。どうせもらったもの。もともとぼくのものではないのだ。ぼくはそれらを、惜しみなく引き継いでいった。

すると、思わぬことがわかった。何かを引き継ぐとき、ぼくも何かをもらうのである。それは学びとか、発見とか、刺激とか、面白みであったりする。年齢を少し重ね、そのことがわかってきた。何かを引き継ぎ、受け渡すことも、その人にとってまた喜びなのである。

Story 2

行進できる日まで

――男子野球部員の話

大きなスタンドがキラキラと輝いて見えた。外野の人工芝の緑もまぶしかった。空は高く澄み渡っていて、白くて大きな雲がぽっかりと浮かんでいる。ちょっとだけ風が吹いていて、でも、それがとても気持ちよかった。行進する手が自然と高くあがる。足も高くあがる。自然と笑みがこぼれてしまう。

だって、あのときぼくは、とっても嬉しかったから……。

小学二年生のときに友だちに誘われて野球を始めたぼくは、すぐに野球のとりこになってしまった。

もっともっとうまくなって、もっともっと強くなりたかったから、中学生になると強豪のクラブチームに入った。

周りからは「お前、あんな練習がキツいチーム入って大丈夫なのか？」と心配されるほどだった。でも、大丈夫。このチームに入って強くなるんだ！　自分を磨いて、何がなんでも甲子園に行くんだ！

実際、入部してみると、周りの選手はみんなすごい選手に見えた。ケガをした時期もあったけど、必死に食らいついていき、試合にも出られるようになった。

「ほら、がんばれば神様は見てくれている」

ぼくはそう自分に言い聞かせて練習を重ねた。

中学二年の冬、年明け最初の練習のとき、みんなで大きな声で今年の目標を言い合った。ぼくは「ジャイアンツカップ出場」を目標に掲げた。

あいつも、こいつも……ぼくたちの学年十七人全員がぼくと同じ目標、「ジャイアンツカップ出場」だった。中学硬式野球をやっている選手なら、誰もが目指す大会。

春になり、大会でぼくは八番・セカンドで試合出場。自分のところに飛んできた打球は絶対にそらさない。みんなも「フォア・ザ・チーム」。そんな強い気持ちで試合に臨み、予選リーグ、決勝トーナメントを勝ち抜き、まさかの優勝！

ぼくらはジャイアンツカップへの出場権を手にした。

信じられない。

夢みたいだった。

東京ドームでの行進は舞いあがっているうちに終わってしまった。ここでプロ野球が行われているんだ――そう思うとドキドキしたし、ワクワクもした。いつかぼくもここを本拠地とするプロ野球選手になれたらカッコいいだろうな。

試合は初戦で敗退。悔しい。でも、いいんだ。高校に行ってリベンジする。次こそ悔いの残らない試合をするんだ。

これからも続く野球人生を信じて疑うことなく、中学野球を引退した。

それから二週間後ぐらいのことだった。ずっと疲れやすいとは思っていたけれど、夏の終わりになって高熱が続いていたので病院に行った。すると、大学病院を紹介された。どういうことなのだろう。日をあらためて大学病院に行ってみると、「すぐに入院です」と言われた。母は先生に呼ばれて別室へ。

いやな予感がした。

翌日、病院の先生から「白血病」という言葉を聞いた。

目の前が真っ暗になった。「なんで？　なんで自分が……」

テレビで見たことがある。その病気になって死んでしまった人の話。それも、何回か見たことがある。ぼくは……死んじゃうんだ……。そう思った瞬間、涙が頬《ほお》を伝っていた。あとからあとから涙があふれ出てきた。ぼくは……どこに行ってしまうんだろう。

それから入院生活が始まり、検査、検査の日々。辛かったけど、泣くのはやめた。お母さんもときどき目を赤く腫《は》らしてぼくの部屋に戻ってきたけど、ぼくの前では泣いていなかった。

また、野球ができる日は来るんだろうか――。

幸いなことに骨髄を提供してくれるドナーさんが見つかった。

「これで助かる！」

骨髄移植は無事に行われたけど、その後がつらい。骨髄が機能するまでの期間は、思い出したくもないほど苦痛の日々だった。吐き気、イライラ、頭痛……。

そんなとき、お母さんが窓の下を指さした。中学の野球チームの仲間たちが、下で手を振っていた。みんな、来てくれたんだ。面会はできないけど、でも下で手を振り、空に向かって何かやっている。

何しているんだろう？　ぼくは目をこらした。


あ、手で「が・ん・ば・れ！」と書いてくれてる！

「ま・っ・て・る」

ぼくは「おお！」とうなずきながら、目からじんわり出てきた涙を必死にこらえていた。

高校受験は、希望した高校の配慮で、病院の中で受験することができた。数日後、合格通知が届いた。よし、これで高校野球ができる！　それからも治療を重ね、高校一年の五月、移植した骨髄が機能しはじめた。

ぼくは病気に勝ったんだ。

少しずつ学校に通い始め、野球部に入った。ぼくは甲子園に行くのが夢だ。練習がハードなことはわかってる。でも、精一杯がんばりたかった。みんなに「よろしくお願いします」と挨拶をすると、監督も、コーチも、先輩たちも、同級生も、みんな「特別扱いはしないぞ」と笑って言いながら、ぼくを歓迎してくれた。動ける量は限られてしまうけど、でも、できる範囲の中で一生懸命練習した。

秋には練習試合にも出られるようになった。

「野球はもうできないかもしれない」と思っていたのに、こうやってグラウンドに立てているのだから……なんだか不思議な気分だった。

二年になって、ぼくは夏のメンバーに入ることができた。やった！　県大会の開会式で球場に行くと、中学のときの仲間たちがぼくのところにやってきて「おめでとう」「また野球ができるな」と喜んでくれた。スタンドも人工芝も青空や風まで、全てがぼくを「おめでとう」と言って迎えてくれたように感じた。さあ、これから中学野球で味わった悔しさを晴らすんだ。

だけど……神様は無情だ。

これからが本番という高校二年の秋、体調不良が続き、病院で「白血病が再発している」と告げられた。信じられなかった。何かのまちがいに決まっている。なんでこうなるんだ、なんで自分ばっかり、こんなにがんばっているのに……。しばらくの間、動けなかった。

翌日、中学時代の仲間から連絡があった。

「今度の日曜にグラウンドに来いよ。みんなで試合するぞ！」

最初は何のことかわからなかった。でも、行ってみると、仲間たちが大勢集まってくれていた。

みんな、自分の高校の練習や試合があるのに、来てくれたのだ。

「試合するぞ！」「えっ？」。正直、体調はきつかったけど、自分なりに野球をした。

長くなるだろう入院生活の前に、思いっきり野球ができるなんて本当に幸せだった。

試合が終わり、ぼくは挨拶をした。

「病気が再発しちゃって、また入院することになりました。ぼくも治療がんばるから、みんなも野球、がんばって！」

そう言ったとたん、ずっと我慢していた涙がボロボロと流れてきてしまった。泣かないと決めていたのに……。

仲間たちはずっと笑顔。「泣かないで送り出そう」とみんなで約束していたそうだ。最後はぼくを胴上げしてくれて、また大泣きしそうだったけど、ぐっとこらえた。そして、絶対また戻ってくる、またこの仲間と野球をするんだ、そう、強く誓った。

あの日から五カ月、ぼくは二度目の骨髄移植を経て、それが機能する日を待ちながら、病院で闘っている。いちばん苦しい時期には、中学時代のチームメイトや、対戦相手の選手たちが出場している甲子園のテレビ中継を見て、自分を勇気づけた。

最後の夏、また県大会の開幕式で行進ができるだろうか。いつ退院できるかもわからない。けれど、今年の夏もみんなとともに、キラキラと輝いているスタジアムでまた行進できると信じている。

みんながんばっている、ぼくももう少しだ。

ぼくの祖父は、天国から地獄に叩き落とされた経験を持つ。戦前は、海軍のエリート士官として駆逐艦の機関長を務めるまでになっていたのだが、敗戦後は戦犯として、十年ものあいだ刑務所に収監されていたのだ。

出所後、今度はサラリーマンとして定年まで勤めあげたのだが、そんな祖父を見た祖父の母は、折に触れ「海軍の士官にまでなった人間がサラリーマンなんて、情けない」とこぼしていたのだという。

そんなときも、祖父はただ黙って何も言わなかったらしい。彼の胸中にはどのような思いが去来していたのか。祖父は亡くなるまで、そのことを一度も話さなかった。

彼は、地獄に叩き落とされる経験をしながら、それでもなお、前向きに歩もうとした。果たして何が、彼をそうさせたのか。

人生のピンチに陥ったとき、ぼくはこの祖父のことを思い出す。そうして、彼ならこのピンチにどう対処するだろうと、ふと考えるのだ。

Story 3

弱かった自分のできること

――野球部女子マネージャーの話

私は幼い頃からどんなときでも〝負ける〟のがとても怖くて、いざというときに強い気持ちになることができませんでした。
中学校のバドミントン部でも、試合になると逃げ腰になって、練習した成果が発揮できずに負けてしまう、その繰り返しで……。

そんな自分がイヤで悩んでいた頃、怪我で通院。落ち込んでいた私は、病院の理学療法士さんに、心の悩みも相談し、心身ともにお世話になりました。
「人を助ける仕事っていいな」。心からそう思いました。

人を少しでも助ける仕事をしたい、そんな気持ちから、高校入学とともに野球部のマネージャーになりました。同級生と先輩との四人で、私のマネージャー生活がスタート。グラウンドの草むしり、飲み物の用意、ベンチ拭き、ボール磨き、公式戦でのスコア付け、練習試合に来た父兄への対応。

体力も気遣いも必要で大変な仕事ですが、練習している選手たちを見ていると、疲れたなんて言葉に出すことはできませんでした。

グラウンドでは監督が厳しい言葉を、選手に何度も何度も浴びせていました。

そのたびに、流れる汗よりも大粒の涙を流す選手たち。

「勝ちたいんだろ！　勝つための練習だろ！　勝ちたくないのか！」

監督の激しい怒鳴り声。

そして、選手たちはその言葉に懸命に応えます。みんなが真剣に〝勝つこと〟、さらに、その先にある甲子園を目指していました。

私は、甲子園へ行くため、勝つために、ここまでやるのかと驚きました。全身泥だらけ、泣きながらも必死にボールに飛びついていく――。最後は動けなくなるまで。

でも、その夏、あれだけたくさんの汗も涙も流してきた先輩たちの最後の大会が二回戦で終わりました。みんな、大泣き。そして先輩選手の最後の涙とともに、先輩マネージャーの二人も大粒の涙を流して部を去りました。

震える声で「後輩たちをよろしくね」という言葉を残して……。

秋、新チームになると同時に、同級生のマネージャーは受験に専念するため退部。私も迷いましたが、監督から「部を支えてほしい」と頼まれました。

ここまで私を信頼してくれているんだ……。

生まれて初めて私の心の中に、「このチームを勝たせたい」という感情がわいてきました。今までは、ただ支えているだけだった。

でも、今日からは私が「勝たせたい」。

翌日からは、仕事を全て一人でやることになりました。

夜遅くまで延々と続くグラウンドの草むしりや、練習が終わってからのボール磨き、そして監督室や部室の清掃など。毎日とても苦しかった。ひとりぼっちで、誰にも弱音を言えない寂しさも感じていました。


冬になり、練習後に監督室へ呼ばれました。うちの部員が毎日書いている野球ノートを手にした監督が「これを見てみろ」とページを開く。そこに書かれていた言葉。

「いつもきれいなグラウンドで練習ができる。マネージャーに感謝しています。この感謝の気持ちを忘れません」

「試合に勝つことがマネージャーへの恩返しになると思っています。絶対勝ちます」

「普段はありがとうってなかなか言えないけれど、甲子園へ連れて行くことで恩返しがしたいです」

私は、胸の底からこみあげてくる感情を必死に抑え、「監督、ありがとうございます」とだけしか言えませんでした。

みんな見ていてくれたんだ。監督も選手も……。

私の仕事に感謝してくれている部員がいる、学校には信頼してくれる監督がいる。とてもありがたく嬉しく感じました。

こんな私でもひとつのことを一生懸命やり続けたおかげで、少しは成長できたんだ。いつも〝負ける〟のが怖かった私。辛いことからは、逃げていた。でも、そんな自分はもういない。

野球部のみんなが勝つことにこだわる姿を見て、苦しくても逃げ出さずに、一生懸命やることの大切さを教わったのです。

この前、「マネージャーをして何を学んだ？」と野球雑誌の記者の方から聞かれました。ふだんは初対面の人と話すのは得意ではありませんが、そのときは素直な気持ちで話せました。

「監督への感謝、選手たちへの感謝、そして私を育ててくれている両親に感謝する気持ちを持つことを学びました」

人を助ける前に、自分がどれだけ助けられたことか――。

今年はマネージャーとして最後の年。

練習中はいつも通りの仕事を一生懸命こなします。試合中、私はスタンドから応援することしかできません、でも声が枯れるまで、最後の最後まで「勝利」をあきらめないでチームを応援しようと思います。

それが、野球部への、野球への、今の私にできる精一杯の恩返しになると思っているからです。

これからの人生でも私は負けません。

他人に感謝する気持ちも大切だが、忘れてはいけないのが「自分に感謝する」という気持ちだ。それも、まるで他人に感謝するように自分自身に感謝することが大切だ。

なぜかと言うと、他人に感謝できる状態や気持ちを生み出したのは、まぎれもなく自分自身だからである。そこに自分が介在しなければ、そういう状態や感情も絶対に生まれなかったはずだ。

しかし今、多くの人がこの視点を忘れがちだ。あるいは持っていたとしても、弱い自分を慰めるような間違ったやり方だったりする。

そうではなく、自分自身というものを、まるで他人に対するように「こいつはよくやったなあ」と思い、それまでのことを思いやって、感謝の気持ちを持つのである。

そうすれば、もう一段強い自分になれる。単なる勝ち負けを超えた、もう一つ上のレベルの視点を持てるようになるだろう。

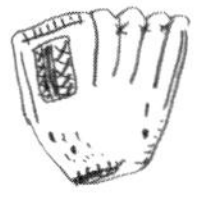

Story 4

「おばあちゃんのグローブ」

――男子野球部員の話

小学二年生のときだった。授業の最中に、教頭先生に呼ばれて一緒に家まで帰ろうと言われた。家に帰ると、ぼくの家は真っ黒に焼けていた。火事だった。

「……」。焼け焦げたイヤな匂いのする中、ぼくは一番大事なバットとグローブを必死で探したけど、結局見つからなかった。

その日、ぼくは野球をやめた。バットもグローブも買うお金が両親になかったから。

中学二年生のとき、今度は両親が離婚して、母の実家に兄弟三人と一緒に引っ越した。落ち込んでいたぼくらを、母の実家のおばあちゃんは笑顔で出迎えてくれた。

新しい暮らしが始まって夏になった。

おばあちゃんが、朝からテレビの前に座り、夕方遅くまでジーッとテレビを見ている。

夏の甲子園の試合だった。

ぼくは聞いてみた。

「高校野球の何が好きなの？　どんなとこ見てるの？」

「この子たちの目を見てるんよ。キラキラ輝いていて、楽しそうで、みんなが一生懸命。そこがとてもいいんだね」

小学校で野球をやめざるを得なかったぼくは、なんか面白くなくて、「野球なんかつまらないよっ」と言い、外へ飛び出した。ほんとは、もう一度バットを振って、ボールが投げたかった。

中学の卒業式の前日、学校から帰ってきたぼくは驚いた。

玄関に金属バットとグローブが置いてある。

「もう一度野球やりんさい」

おばあちゃんは笑顔でバットとグローブを手渡してくれた。

日々苦しかった生活の中、どうやってお金を工面したのか、わからなかったけど、本当に嬉しかった。


春、県立の高校に入学してすぐに野球部に入部。

あっという間に二年生の夏が終わり、ぼくらの代の新チームになった。

毎週末の練習試合には父兄に交じって、必ずおばあちゃんが見にきてくれていた。

もらったグローブはずっと使い続けていて、ボロボロだったけど、手に良くなじんでいる。

試合が終わると、必ず「今日もよかったよ」と、ほめてくれるおばあちゃん。ほとんど勝てなくて、ボロ負けの試合でも「今日もよかったよ」と。

六月におばあちゃんは体調をちょっと崩して一時入院。お見舞いに行くと、「絶対に夏の大会は見にいくからね」と笑って言ってくれた。

甲子園に行ければ、テレビでぼくの姿をおばあちゃんに見てもらえる。
それでも、練習試合にほとんど勝てないまま七月を迎えた。

夏の県予選の日の明け方、おばあちゃんの夢を見た。
おばあちゃんに勝つところを見せたい、と強く思っていたからかもしれない。
バットとグローブをいつものように手入れして試合に向かった。

試合前に、キャプテンが「今日はとにかく試合を楽しもう！」と言って、チームのみんなで何度も何度も掛け声を大声で出した。

一回戦、0対0のまま六回表、ノーアウト一塁でぼくの打席になった。

相手投手が投げた速いボールを、しっかりバントすることができた。ボールは三塁側にうまく転がっていく。全力疾走！

「セーフ！」。内野安打になった。

嬉しかった。

次の打者がヒットを打って、二塁ランナーもぼくもホームを踏んで2対0！

ベンチではみんなが笑顔で迎えてくれた。ハイタッチしたり、グータッチしたり。

もし負けたら、ぼくらにとって最後の試合になるのはみんな分かっていたけど、この試合は本当に楽しかった。

九回裏、2対0。この回を守りきれば二回戦へ行ける。けど、その思いが、みんなの体を固くしてしまった。

エラーと二つのフォアボールでノーアウト満塁に。

相手バッターが振り切ったボールが、外野へ大きく抜けていった。
2対3のサヨナラ負け……。
でも涙は出なかった。ぼくなりにやれることはやった。
どことなくみんなやり切ったって顔をしていた。
最後に球場の外で、応援してくれた父兄の前で一人ずつ大きな声で挨拶をする。
その中に母がいた。仕事を休んで、初めて試合を見にきてくれていた。
近くに行くと、母は泣いていた。
「今朝、おばあちゃんが亡くなったの」

えっ。

頭の中が真っ白になった。

夢の中でおばあちゃんが言っていたことを思い出した。

「今までありがとうね、ありがとうね、ありがとうね……」というくり返しの言葉。

なんでだよ、ありがとうってぼくが言いたい言葉なのに。

サヨナラゲームよりきついさよならじゃん。

「今日もよかったよ」って言ってほしかった。

ぼくは声をあげて泣いた。

ぼくの亡くなった母方の祖父は、ぼくに高校野球の見方を教えてくれた一人である。岡山県出身の彼は、甲子園を見る際、厳格なルールを自らに課していた。岡山県の高校を応援するのはもちろんだが、それ以外の県が試合をする場合、岡山県に地理的に近いほうを応援することに決めていたのである。

例えば、広島と大阪の場合は広島、大阪と東京の場合は大阪——といった具合である。同じくらいの距離にある県同士が対戦する場合には、わざわざ地図と定規を取り出して、どちらが近いかを正確に計っていたくらいだ。

ぼくが教わったのは、そうやって応援するチームを決めたほうが、高校野球を楽しく見られるということだ。おかげでぼくも、どの県の対戦であろうと、その勝敗に一喜一憂できるようになった。ただ一つ残念なのは、祖父が生きているあいだに、岡山県の高校が一度も優勝できなかったことである。

Story 5 息子からの手紙

——男子野球部員の母親の話

高校生の娘と一緒にお風呂に入っていたとき、左胸にしこりのようなものを発見しました。息子が憧れの高校の門をたたく直前、中学三年の一月、入試の一週間前のことでした。

次の休日に検査に行き、触診、マンモグラフィー、エコー、細胞診で調べてもらった結果、「乳ガン」と診断されました。しこりを見つけた時点で覚悟はしていたものの、先生からそう言われたときのショックといったら……。目の前が真っ暗になり、泣いて泣いて涙がかれるほど泣きました。

入試を控えた息子にどう話したらいいだろう。

夫と相談の末、合格発表までは黙っておこうということになりました。小さいときからの目標への第一歩を、安心して踏み出させてあげたかったのです。

受験から二日後、見事志望校に合格し、憧れ続けてきた高校への入学が決まりました。息子の夢が叶い、私もとても嬉しかった。でも、あのことを話さなければ。合格発表の翌日、夫が息子に私の病気の話をしました。

すると、息子は——。

「知ってたよ。お母さんを見てたらなんとなくわかった。でも、お父さんやお母さんが心配するから、知らない振りをしてた」

それを夫から伝え聞いたときは、涙がウワーッとあふれ出てきてしまいました。

子どもだとばかり思っていた息子が、知らない間に少しずつ成長していたんだ……。

その後も検査をくり返しましたが、幸い他の臓器や骨への転移は見つからず。でも、二月下旬には温存手術、三月からは抗ガン剤治療をはじめました。

副作用で二週間後には髪がパラパラと抜けはじめ、その数日後にはごっそり抜けました。ブラシで髪をとくと、ブラシに髪がいっぱいくっついて真っ黒。


とてもつらかったけれども、家族や周りの人たちが私の心をしっかり支えてくれたので本当に心強かったです。息子も、「ガンを克服して普通に生活してる人はいっぱいいるんだから、お母さんだって大丈夫だよ」と励ましてくれました。

つらくても、家族のために前向きにがんばろう。


三月末、息子は夢と希望を胸に、そして不安も抱きながら、憧れ続けた高校の寮へと巣立っていきました。

入寮すると電話もできないメールもできない、年末までは帰ってこない。そう思うと寂しくて胸が張り裂けそうでした。だけど、私が泣いちゃダメ、笑って送り出そう。

そう心に決めて、笑顔で送り出しました。

でも、行ってしまった後は、寂しくて……。毎日、あの子はちゃんとやっているだろうか。ついていけているだろうか。体は大きいけれど、精神的には弱いところがあるので、とても心配。もう高校生なのに、そんなことをずっとずっと考えていました。

入寮して一カ月たったとき、ポストに一通の手紙が届いていました。送り主は、息子でした。

お母さんへ、元気にしてる？　ぼくはとても元気です。
お母さんは抗ガン剤とかで精神的にも肉体的にもしんどいだろうけど、それは絶対に乗り越えなきゃいけない壁だから、つらいと思うけどがんばってね！
自分もお母さんのために家族全員が健康でいられるように、毎日神様にお願いしているからね。大丈夫だよ！

野球のほうは思った以上に練習が大変だよ。だけど、体も結構締まってきたし、いい感じだよ。とにかくがんばるよ！

最初の、「お母さんへ」という息子の字を見た瞬間から涙があふれ出し、ボロボロ泣きました。短いし、言葉足らずの手紙だけど、気持ちが伝わってきて本当に嬉しかった。暗記するほど何度も読み、私の一番の宝物だと思いました。この宝物があったから、九月まで続いた抗ガン剤治療もがんばることができました。

そして、最後の抗ガン剤治療の前日、息子から嬉しい、嬉しいプレゼントがありました。なんと、秋の新人戦で息子が背番号をもらったという報告を受けたのです。全国でも屈指の強豪高校、例え二ケタの背番号でも立派なこと。がんばったんだなぁ。

数日後、秋の県大会予選を見に行くと、憧れのユニフォームを着た息子の姿が見えました。その日はノーヒットでしたが、思い切りバットを振り、全力で走る息子の姿を見ることができて、涙が出るほど嬉しかったです。

抗ガン剤治療がすんだとはいえ、その後も三週間に一度、点滴を受けるなどしなくてはいけません。しかも、再発、転移の恐怖に震える日々。けれども、息子のがんばる姿が一番の良薬です。

あの子もあの子なりに一生懸命がんばってるんだから、私も前向きにがんばろう！

その後、チームは、翌春の甲子園出場を確実なものとしました。一月末には甲子園出場が決まり、三月中旬には「一ケタの背番号をもらった」との連絡。

乳ガンの手術からちょうど一年。あの日、一年後にこんな嬉しい日が来るなんて、誰が想像したでしょう。

そして、甲子園。試合前、応援席の前に整列し、応援団に向かって挨拶する選手たち、その中から息子の姿を見つけたときには涙がどっとあふれました。野球をはじめたときから夢だった「××高校のユニフォームで甲子園出場」。

感無量でした。

実力だけでも来られない、運だけでも来られない、そんな場所ですもんね……。

甲子園って。

でも、甲子園出場後は試練が訪れました。息子は、使われなくなったのです。日に日に元気がなくなっていく息子を、私たちはスタンドから眺めることしかできませんでした。

そんな中、チームは夏の予選を勝ちあがり、春夏連続で甲子園への切符を手にしました。ところが……。決勝戦から一週間後、息子から電話がありました。

「メンバーに入れなかった。ごめん」

私は電話口で必死に息子に声をかけました。

「よくがんばってるよ。でも、監督から見て何かが足りなかったんだね。メンバー外れて悔しいだろうけど、今の『良い』が必ずしも後で『良い』ではないし、今の『悪い』が、必ずしも後で『悪い』ではない。今はあなたががんばるとき、努力するときだよ。ここから、はいあがらなきゃ。あなたをメンバーから外した監督を見返してやりなさい。なんであのとき外したんだろう、と後悔させるような選手になってやりなさい。腐ったらダメだよ。一生懸命やってたら、野球の神様が絶対に見ててくれるからがんばりなさい」って。

電話を切った後、あの子がどんな気持ちでいるだろうと考えると、涙が止まりませんでした。でも、隣りにいた夫が言ったんです。

「あのガンになったときと比べたら、メンバーから外されることなんて、まだまだ幸せなつらさだな」

そうなんです。贅沢なつらさ……。

私たち高校球児を持つ親は、メンバーに入れる入れない、勝った負けた、打てた打てなかった、甲子園に出られる出られない——そういう結果で一喜一憂してしまいますが、「野球ができる」ことが幸せなんですよね。

私自身、レギュラーになれない選手や親の気持ち、少しはわかっているつもりでいたようで、何もわかっていなかった。暑くて熱い夏、感動的な甲子園。でも、その陰にはさみしい思いをしている人たちもたくさんいるんです。

その夏の甲子園後、息子は再びはいあがってレギュラーとなりました。

またいつレギュラーから落とされるか……そんな恐怖もあると思いますが、まっすぐ前に向かって突っ走っています。

あの子、強くなった……。

私も、再発の恐怖、転移の恐怖に日々おびえながらも、子どもががんばっているのと同様、これからも気持ちを強く持って前向きに生きています。

治療がつらくていやになるときは、息子からもらった宝物を開きます。何度読んでも涙があふれてくるけれど、何度読んでも「がんばろう」と思えるから。

ときどき思うんです。私の病気は神様からのプレゼントだったのかもしれないって。息子のことも、私のことも強くしてくれ、家族の絆《きずな》も深めてくれました。

そして、泣いても笑っても高校野球はあと数カ月で終わり。全てを終えてあの子が寮から帰ってきたら、思いっきりほめてやりたいと思います。

ぎゅっと抱きしめてあげたいですが、入学したときよりもさらに体が大きくなっているから、手が届かないかもしれないな。

「誰のためにスポーツをするのか？」という問いが話題になったことがあった。オリンピックで、国の期待を意識しすぎた選手がプレッシャーに押しつぶされ、思うような成績を残せなかったからだ。その反省から、「国のためにスポーツをするのではない」という考え方が生まれ、広まった。

では誰のためにするのか？　人々は、今度は「選手個人のため」と考えた。ただ自分の夢を叶えるため、周囲の期待は関係ない。

ところがそれでも、選手たちは満足な結果を残せなかった。理由は簡単で、人間は、自分のためと思うと、なかなか力を出せないのだ。

人は、「誰かのために」と思うことで、初めて力を出すことができる。だから今では「だいじな人のために」という考え方が定着している。高校野球は、そういう思いの集まる場所だ。球児たちの後ろには、彼らの思うたくさんの人々がいるのだ。

Story 6
AEDがぼくを救った

――男子野球部員の話

「三回戦の先発はお前で行く」。思いもよらない監督からの指名を受けた。

練習後のミーティングのときだった。


え？　ぼくがピッチャー？　なんで？


ぼくは二年生へ進級し、春の大会に臨んでいた。夏のシード権がかかる重要な大会だった。一回戦は不戦勝で、大事な三回戦だった。

野球をはじめてから、ずっと内野手でプレーしてきた自分にとって、その日から物凄い緊張と責任感に押しつぶされそうだった。

先輩たちに迷惑かけられない。次の日から、急きょピッチング練習を始めた。

試合当日もガチガチだった。球場には、両親と妹が来ていた。

監督は「気楽に投げればええ！　リラックス、リラックス」。

チームメイトも「楽に楽に」と。

マウンドへ向かった。

先頭打者にいきなりフォアボール……。

「力むな！　力むな！　落ち着け！」と、バックから声がかかる。

なんとか、後から続く打者をうまく打ち取れた。続く二回の表もカーブでうまくストライクが取れ、打たせて取れた。

よし！　なんとかなるかも。

0対0のまま三回表のマウンドへ向かう。

ところが。先頭打者に、ツーベースヒットを打たれた。その後、送りバントとフォアボールで一アウト一塁三塁のピンチ――。打席には四番打者。

負けるもんか！　思い切りいったる！

開き直って思い切りストレートを投げた。
カーンと金属音がして、打たれた！　と思った瞬間！
ぼくの胸に強い打球が当たり、目の前にボールが落ちた。
ボールを拾わなきゃと思い、手を出そうとして、うずくまるように前に倒れた。

気づいたのは救急車の中だった。苦しくて苦しくて何度も血を吐いた。
なんでこんなにしんどいんや……。
なにが起きていたんかよく分からんかった。
病院のベッドに寝かされた後、チームメイトや父兄、テレビ局の人が出たり入ったったりしている。いろんな人が「ＡＥＤが」「救命士の方が」とか訳わからんこと言ってて。

ようやく落ち着いて、自分の身に何が起こったのか理解できた。

ボールが当たり、倒れて意識を失ったぼくは白目をむき、全身が痙攣《けいれん》していたという。審判が急いで駆け寄り、「親御さんいますか！」と叫ぶ。

父がそばに来るとぼくは息をしていなかった。

人工呼吸をしても息を吹き返さない。

このときぼくの体は、父に抱かれたままどんどん冷たくなってきたそうだ。

だけど、大勢いた観客の中に、子どもといっしょに試合を見にきた救命士がいた。

駆け寄ってきた救命士が「ＡＥＤありますか！」と大声で言うと、大会関係者が備えつけてあったＡＥＤ（自動体外式除細動器※1）を持ってきた。

そのとき、ＡＥＤを使った様子の音声が、録音されている。

「ダメだ！　ダメだよ、起きろよ！」

いきなり、チームメイトの悲痛な泣き叫ぶ声が聞こえる。

何度も何度も自分の名前を呼びながら、チームメイトが大声で泣きわめいていた。

「あかんよ！　あかんよ！」。泣き叫ぶ母の声。

「いやや、いやや、おいっ！　起きろ！」。仲間が懸命に呼びかけてる。

「がんばれ！　がんばりや！　がんばりや！」。また、母の声。

「起きろー！　起きろー！　おいっ！　おいっ！」

そのとき、救命士がAEDのボタンを押した。

『ピー』という機械音。

数秒の沈黙……。すすり泣く声が聞こえてくる。

「息が戻った！　心拍も戻ってきた！　山は越えた、越えたぞ！」。父の声。

録音はそこで終わっていた――。後から聞いたぼくは、死への恐怖で背筋が寒くなった。そして、試合は放棄試合で敗戦扱いになったと聞いた――。悔しくて涙が出そうになった。

でも、今、生きていることへの安心感と、普通に生活していては絶対に感じられない、チームメイトの心からの声を聞くことができた。

先輩も同級生も後輩も、みんな毎日病室に来てくれた。中には皆勤賞やろってやつもいた。

「今日の練習はな」とか、「今日の試合はな」とか言いながら仲間が持ってきてくれた差し入れをみんなで食べたり、夜遅くまで語らったり。

みんながぼくを想ってくれている気持ちがすごく伝わった。

医者からは三カ月は試合をしてはいけないと言われていた。病室のトイレに行くだけでも、バテて、息が切れる。けど、夏の大会に出れないのはいややった。

絶対出るんやって――。

退院して練習に参加。体力も落ちていて、走ったりするとすぐ息が切れる。でも、夏までに絶対間に合わせて、みんなを甲子園に連れて行きたかった。

最初の一カ月は自分のできることをやった。まず歩くことから。そして、みんなの練習の手伝い。飲み物の用意や用具の片付けなどをした。

日々、胸の苦しさと闘った。そしてようやく走ったり、練習に参加できるようになった。つらい追い込み練習も乗り越えた。

そして、ぼくは夏の大会のメンバーに選ばれた。

事故に遭ってまた野球ができることを実感してから、ぼくは日々を生きていくことへの考え方が変わっていった。

全国の球児たちが甲子園を目標としている中、自分は人と違う体験をした。あれから蘇生法も学んだ。ＡＥＤの大切さも勉強した。

ぼくは助かったけど、この心臓震盪《しんとう》で亡くなった人もいることを知った。これからはＡＥＤのことを伝えていきたい。自分の体験を生かして、少しでも人を助けたい。

ときどき、練習を見にきてくれる、命の恩人の救命士さんからは「元気でやってるか、がんばれよ！　お前が救命士になるの待ってるぞ！」と言われる。

夏の大会は、慣れたセカンドのポジションでスタメン出場できることになった。

こんなに嬉しいことはない。今、生きてることへの感謝と、チームのみんなから伝わる温かい心。

親もチームも救命士さんも、助けてくれたみんなを甲子園に連れて行くんだ！

一生忘れられない最後の夏になる——。

※1　**AED（自動体外式除細動器）**＝心臓がけいれんし血液を流すポンプ機能を失った状態になった心臓に対して、電気ショックを与え、正常なリズムに戻すための医療機器。

昔、とある知人から聞いた話なのだが、若い頃、彼は自殺を試みようとしたことがあるらしい。人生に絶望し、それ以上生きていくことの気力を失った彼は、自宅の十六階建てのマンションの屋上にのぼると、背丈ほどの金網のフェンスを乗り越えようとした。

そこで、いよいよ金網に手をかけた瞬間だった。突然、予想だにしないことが起こった。

「ぐう」と、お腹が鳴ったのだ。いつの間にか、お腹が減っていたのだった。

その音を聞いた時、彼はふと、あることに気づかされた。それは、「自分の心は死にたがっているにもかかわらず、身体はまだ生きようとしている」ということだった。

それで彼は、急に死ぬ気をなくしたのだという。

人間の生命力には、そんな力があるのだ。

Story 7 キャプテンとインフルエンザ

――男子野球部員の話

「お前にとって理想のキャプテンとはなんだ？」

二年の秋、キャプテンに指名されて間もないぼくに部長先生がいきなり聞いてきた。

「……」。ぼくは何も答えられなかった。

いざキャプテンになったからにはがんばる！　と思っていたものの、個性の強いみんなをまとめるのって難しい。なんもできんかった。

そんなとき、部長先生に呼ばれた。

「お前は何事にも落ち着きがない。チームをバラバラにしとるのはお前だ。夜、眠れんほど、考えたことあるんか？　今のままじゃキャプテン失格だ。辞めたほうがいい」

落ちこんだ。その夜は眠れんかった。どうしたらいいだろう……。

考えて、考えて、まずは自分の生活態度を変えてみた。

先生との交換野球ノートも、今まで以上に深く考えて書くようにした。

グラウンドでは誰よりも声を出し、練習試合でもなるべく大きい声を出し、盛りあげた。


少しは部員たちに気持ちが通じたんか、ようやく、チームに一体感が生まれはじめて迎えた九州大会。県予選間際のミーティングのときだった。

「今度の大会を最後に別の高校に転任することになった」

えっ……。予想もしない部長先生の言葉だった。

キャプテンとしての答えを伝える前にいなくなってしまう。なんでなん——。

ぼくらはその日から、

「試合に勝って、少しでも長く先生と野球をしよう！」

と、よりいっそう真剣に練習に取り組んだ。


そして二〇〇九年三月二十八日——。

ぼくは三回戦の九回裏、3対3の場面に先頭打者として打席に立っていた。

一球目、空振り、二球目も空振り。自然と体が固くなっていく。

ベンチから伝令が来た。

「自分のスイングでいい」

先生からのメッセージ。ぼくは、三球目のストレートを振り切った。ボールはぐんぐん伸びてライトスタンドへ。

いった！

高校野球初のホームランが、サヨナラホームラン。

少しでも長く先生と野球がしたい、その想いがバットに伝わったんかな……。

チームはベスト4まで勝ち進んだが、敗退してしまった。

そして先生から最後の野球ノートを手渡された。

――「リーダーとは」

答えは見えてきたか？
きっとこれからも考え続けることだろう。
しかし、この数カ月で良いリーダーに近づいたのは間違いない。
長い人生の中の、ほんの一部でしかない高校野球。
だが、その中には多くの人生訓がある。野球の試合はまさに人生そのものだ。
ピンチ、チャンス、流れ、勝敗……。
少しずつ成長して大人になれ、自ずと結果はついてくる。
２年間ありがとう――。

先生がいなくなってしばらくは、心にポッカリ穴が開いたようだった。でも、いつまでもくよくよしていられない。

「全員で勝って、全員で甲子園に行こうや」。
県予選を明日に控え、みんなにそう話した。

ところが、その日の夜、三年生の保護者たちが急きょ学校に集められた。

学校から帰ってきた母の口から、

「明日の試合に、副キャプテンを含む6人が新型インフルエンザの濃厚接触者ということで、出場できなくなった。スタンドで応援するのもダメらしい」と。

全員で勝とうって誓ったのに……。眠れないままぼくは朝を迎えた。


大会初戦の日。

チームのみんなに元気がない。アップしていても活気がない。

全員そろってこそのぼくらの野球部。そこに6人も欠けている。

「ここで負けたら終わりやけん、絶対勝つんや！　勝ってあいつらをグラウンドに立たせてやろう！」

自分も落ち込みそうだった、でもみんなを必死に励ました。

沈んだ気分のまま、試合は0対5で敗退――。

全員をグラウンドに立たせられへんかったことが悔しかった。

マネージャーもスタンドの父兄もみんな泣いていた。

帰り支度をしているとき、副キャプテンから電話が来た。

「ごめん。お前らをグラウンドに立たせてあげられんかった」

「謝るなや、お前らは充分、自分たちの野球をしたんや。いいんや」

こらえていた涙がどっとあふれた。電話の向うからも泣き声が聞こえてきた。今までコイツが泣いたことなんて見たこともなかったのに……。

「わるい。ごめん。ごめん……」。それしか言えんかった。

学校に着いたぼくらを、先生方が拍手で迎えてくれた。

試合前の夜、ぼくらの前で大粒の涙をこぼしてまで励ましてくれた、校長先生や教頭先生。その心づかいがすごく嬉しかったし、同時に申し訳ない気持ちでいっぱいだった。

「出られなかったヤツらの家に行こう！　このまま、しんみり落ち込んでるより最後までおれたちらしくいこうや」

少しでも気持ちを切り替えようと、マネージャーを含めた全員で、出られなかった部員の家に行くことにした。

玄関先には、みんないつもの笑顔で出てきた。ぼくらはふざけて「ごめんな、ごめんなっ！」って、いつのまにかいつもの明るいぼくらに戻っていた。

そのとき。

「もう一度試合がやりたいな」

「そや、みんなで最後に試合をやろう！」

誰かがそう言った。

〝全員野球〟

いつのまにかみんなしっかり感じてくれとった。個性のかたまりだった部員たちが一つになっている。みんなをまとめられず、キャプテンとして悩んだ日々がはるか昔に感じられた。

三年生部員全員での紅白戦。高台のグラウンドにメンバー紹介のアナウンスが響く。

最後の公式戦のユニフォームを着た。背番号とか、レギュラーとかは全く関係ない。

それぞれが好きなポジションについた。みんなが笑ってる。スタンドを見ると、応援の父兄もみんな笑っていた。

楽しかったし、嬉しかった。キラキラと球場全体が輝いていた。

「キャプテンとは、リーダーシップをとって全員で野球をすることです」

転任してしまった部長先生に、ぼくが泣きながら出した答え。

最後に、本当の「全員野球」ができて、やっとなにかが吹っ切れた。


そしてそれがぼくたちの夏の甲子園になった——。

非常に残酷な話なのだが、人というものは、何かを失って初めて学ぶということがある。

このエピソードにあったキャプテンも、だいじな試合にインフルエンザでチームメイトが出場できなかったからこそ、リーダーシップとは何かということを学んだ。

ぼくも、何かを失って学んだことがある。今から数年前、先輩であり師匠でもあった方が、ガンで亡くなった。そのときになって初めて、彼が教えてくれたことの大きさに気づかされたのである。

もしかしたら人間というものは、最も大切なものの一つである「自らの命」を失ったときに、何よりだいじなことを学ぶのかもしれない。そして、もしそうだとするならば、今から自分が死ぬときのことについて考えておくというのはどうだろうか？

なぜなら、そこで「失う」ということを想像することによって、だいじな何かを学べる可能性が大きいからだ。

Story 8

そのアナウンスは誰がするのか？

——野球部女子マネージャーの話

野球がすっごく好き。

「絶対、高校に入学したら野球部のマネージャーになる！」

そう意気込んで入部した野球部。

正直、驚きました。

野球部のグラウンドにマウンドがない。ベースも固定されていません。長髪の選手がいるし、練習に来ない人もいます。自分が期待をしていた野球部のイメージではありませんでした。

それでもマネージャーとして、自分と同学年の男の子を部に勧誘しました。

「これから強くなるから、一緒にやろうよ」

「甲子園に出られるわけでもないのにやる意味がないだろ」

「今のままの野球部で部活はしたくない」なんて言われてしまい……。

友だちにも、あんな野球部でマネージャーをやるなんてかわいそうだねって慰められて、落ち込む私――。

けれども、そんな野球部に転任してきた監督が、全てを変えてくれました。監督は東京都高野連理事も務めています。

監督が来てから数日後、練習中、グラウンドに大きなトラックが入ってきました。そして大量の黒土がまかれました。「マウンドを作るぞ！」。監督の一声。

その日から全てが変わりました。

部員はみんな髪を切り、ユニフォームも新調。練習時間も増えて、みんなの目つきが変わり、監督の指導でみるみる上手になっていきました。

そして、私は初めて高校野球の夏の開会式を体験。青くきれいな神宮球場のグラウンドで、女の子が司会をしていました。

なんてカッコいい！

自分もマネージャーをもっとがんばったら、こんなふうに司会ができるのかな……。すぐに翌日、監督に「自分も大会役員になって、アナウンスがうまくなったら、司会ができるんですか」と聞きました。

「あれはな、東東京と西東京で順番なんだ。お前が高三の時は東東京が担当だから、お前がどんなにうまくなっても、どんなにすごいマネージャーになってもできない」

がっかり……絶対ムリなんだ……。

それでも少しでも自分にできることをがんばろうと思い、その夏は、多摩一本杉球場で球場役員を務めました。選手紹介のアナウンスをしたり、審判さんや来場者の対応をしたり。

敬語すらうまく使えなかった私に、監督は細かくアドバイスしてくれました。

「練習試合のときは、最初と最後に必ず相手の監督に挨拶に行け」

私は試合の始まりと終わりに、必ず相手校の監督に挨拶に行きました。

「おはようございます。本日はよろしくお願いいたします！」

「本日はどうもありがとうございました！　またよろしくお願いいたします」

その後も使用した更衣室やベンチを掃除するなど、他校のマネージャーがやっていないことをやることの大切さを、監督は一つひとつ教えてくれました。

二年生になり、春季大会球場役員の仕事の後、「大会が終わったら必ず全ての関係者の方に挨拶するように」と、また監督に言われました。私は役員の先生や球場職員の方を探しては挨拶して回りました。

さらに、私は今までどうしてもできなかった提案を学校側にしました。「ブラスバンドに演奏してほしい」と。他の球児と同じように、ブラスバンドの応援の中でみんなに野球をやってほしいと思っていたから。

学校側は「気持ちはわかる、でも今までのこともあるから、すぐにはできない」と。でも、何度もお願いした結果、吹奏楽部の先生が有志を募り、七人の部員が夏の大会で演奏をしてくれました。

残念ながら試合には負けてしまったけど、私にもやればできることもあるんだって少し自信を持てました。

三年生になって、最後の夏を迎える前の六月。
担任の先生から「近いうちにいいことがあるらしいね」と言われました。「え？」。
全く何のことか分かりませんでした。

何日かして、体育教官室に日誌を持っていき、「失礼します」と退室しようとしたときです。
「ちょっと待て、これを読んでいけ」と監督に手渡されたのが、夏の大会の司会進行の台本でした。

手にした瞬間の感動は言葉では言えません。涙が止まらなくて——。
絶対に無理だと思っていた司会ができるなんて——。

東東京の球場に当てはまる生徒がいなくて、私が役員をしていた一本杉球場に担当が回ってきたそうです。監督が「あいつにぜひやらせてほしい」と強く推薦。高野連の役員の方々も、大会のたびに挨拶をする私を覚えていて、快く承諾してくれたと後から聞きました。

いつも厳しい監督が推薦してくれたことに、どれだけ感動し感謝したことか……。

そして、忘れもしない、夏、七月十三日。神宮球場。

私はそこに立っていました。真っ青な空と同じ色の球場のグラウンドに。憧れの司会として。

大きく深呼吸。そして一歩前に踏み出す——。

「ただ今から、第八十九回全国高等学校野球選手権大会、東・西東京大会合同の開会式を行います！」

私の声が球場に響く。
その後、自己紹介をしたときに、いっせいに球場から大きな拍手がわきました。
夢って叶う！　一生懸命努力すれば必ず叶うんだ！
一生に一度の舞台。高校最後の夏。もう二度と立てない舞台に立つ自分。

「選手入場！」

選手が入場してくる。私の学校の選手たちも行進してきた。
私の声でこの夏の大会は始まった――。

夢というのは不思議なもので、えてしてあきらめたときにこそ叶うものなのである。

もしこの子に初めから司会をできる可能性があったなら、ここまで真摯《しんし》に部活動を務められていただろうか。あるいはこれほど、他者の胸を打つことがあっただろうか。

あるいは、あったかもしれない。しかし今度は、こう仮定してみよう。

この子は運良く司会の役を仰せつかることができた。しかしもし、その役をつかむことができなかったとして、この子の高校生活が何か物足りない、不満足な、悔いの残るものになったであろうか？

そんなことは、断じてない。たとえ司会の役をつかめなかったとしても、この子の三年間のマネージャー生活は、充実した、満足のいく、完全燃焼したものとして、彼女の人生に、いつまでも明るい光を投げ続けていたことだろう。

Story 9 夏をあきらめて

――男子野球部員の話

家の近くにも強い高校はあったけど、何がなんでも甲子園に行きたかったから、ぼくは県内で一番強いと思う高校を希望した。

入学すると、さすがは甲子園常連校……。レベルが高くて圧倒された。何より先輩の目つきが鋭く真剣だったので、あせった。

先輩だけじゃない、一緒に入学した同級生たちも体が大きい選手が多くて、一七〇センチそこそこのぼくは埋もれてしまうほど。

ちゃんと覚悟を持ってやらないと生き残れないな……。

それから二年間、ぼくはガムシャラにがんばった。練習はA、B、育成と三つに分かれていて、ぼくはいちばん下の育成。

Aチームの先輩たち、スゲーよな……。

けれども、憧れるだけじゃダメ。

ぼくも早くAチームの選手になりたい、いや、なるんだ！

高校に入って初めての冬は、ぼくが育ったところより寒く、雪も降った。でも、この冬場のトレーニングを乗り越えて二年になったとき、少しでも試合に出たい！

そう思って練習に励んでいたけど……どうも乗ってこない。なぜか、頭痛が続いていたのだ。風邪かな、薬を飲めば治るかな……。

けれども、治らない。激しく練習をしたときほど頭痛が襲ってくる。

何なんだろう。

春が来て、二年の五月ごろ、ぼくは病院に行くことにした。

でも、病院で調べてもらっても、「どこも悪いところはないんですけどね」と。二つ目の病院でも「わからないですね」。三つ目の病院でも「原因不明」。四つ目の病院、五つ目の病院でも何もわからなかった。

六つ目の大きな病院で、ついに病名がわかった。

「キアリ奇形」

ＭＲＩなどいろいろと調べてもらった結果、ぼくの脳は奇形になっているそうで、小脳の一部が頭がい骨から脊髄《せきずい》にまでずれ、落ち込んでいる状態なのだそうだ。

そう聞いてもよくわからなかったけど、先生から、「激しい運動はやめてください。

動けば動くほど痛みが襲ってきます。最悪の場合、死に至ることもありますから」と。

そこで気づいた。これは大変なことだ。ぼくはもう、野球ができないってことなんだ。

ショックで目の前が真っ暗になった。

先生は「治す方法もある」と言う。手術だ。けれども、手術をしたら、リハビリも入れて一年は運動することができないと。ということは、三年の五月になってしまう。それじゃもう遅い。ぼくの高校野球が終わってしまうじゃないか……。

病院にいる間は泣くのをぐっと堪えていた。でも、病院を出て母の車に乗った瞬間、涙がどんどんあふれてきた。いつもは助手席に座るけど、泣きそうだったから後ろの席に座ったぼく。ぬぐってもぬぐっても、あふれ出てくる涙は止められなかった。前をみると、車を運転する母の肩も震えていた。

監督に病名を伝えるため、病院から学校へ直行。その一時間ちょっとの車の中で、ぼくは泣きながらも今後のことを考えた。

母からは手術を勧められた。「治してから野球を思いっきりやりなさい」。

だけどぼくは、手術はしたくなかった。


そうだ。

ぼくは、みんなを支えるマネージャーになろう。

選手がダメなら、マネージャーとして甲子園にいくんだ！


決めた。


車の中で泣くだけ泣いたから、グラウンドに着いたころにはだいぶ落ち着いていた。

そして監督に病名を話し、「この野球部を辞めたくないので、マネージャーとして残りたい。みんなを支えていきたいんです」。監督は「チームの面倒をみてやってくれ。頼むぞ」と言ってくれた。このチームに残れることがうれしかった。

練習後、今度は先輩や仲間に病気のことを話した。

「病気になってしまって選手としてはできなくなってしまいました。だから、ぼくはみんなをサポートしていこうと思います。マネージャーとしてがんばります」

そう言うと、先輩も、同級生も、後輩も、みんな拍手をしてくれた。ホッとした。

ぼくは絶対、みんなを支える。

このチームで甲子園に行く。再び気持ちを引き締めた。

もともと、人の世話をしたり雑用をするのは嫌いじゃなかった。まあ、そうはいっても、マネージャーの仕事は初めてだ。やっていて面白いと思えることもあれば、つらいことも……。でも、どんどん楽しくなっていった。支えること、人のために尽くすことは喜びだった。もしかしたら、大好きな仲間のそばにいられることが楽しかったのかもしれない。

もう一人のマネージャーと協力して、いろんなことにチャレンジした。何をすれば選手たちは気持ちよく野球ができるか、どうすれば、チームは勝てるか、いつもそんなことを考え、語り、それを実行していった。

相手チームの分析も徹底的にしたし、ベンチに入って、相手の配球を読んで仲間にアドバイスもした。それがズバリ当たって勝ちにつながったこともあった。

ただのスコアラーだったら誰でもできる。だけど、ぼくは勝ちにつながることをしたかった。そんなぼくを、コーチは「戦うマネージャー」と言ってくれたけど、本当にそう。ぼくだって選手といっしょ。みんなといっしょに戦っていたのだから。

でも、ときどき無性に野球がやりたくもなった。そこで、みんなが練習で山にダッシュに行っている間に、もう一人のマネージャーとグラウンドに出て、キャッチボールをした。激しい運動はダメといっても、このぐらいなら大丈夫だろう！　死にやしないだろう！　そう思って、こっそりキャッチボール。これがまた、楽しかった。

最後の夏、ぼくたちは激戦を勝ち抜き、二年連続甲子園出場の切符をつかんだ。

ぼくはついに「甲子園出場」を果たした。選手のユニフォームではなく、学校の制服で。格好はどうであれ、ぼくは夢を叶えることができた！

二年の夏に応援席から見た甲子園は小さいと感じたけど、今、ベンチから見る甲子園は、とても大きかった。外野スタンドがはるか遠くまで広がり、多くのお客さんがこっちを見ている。こんな大きく最高の舞台に立っていることを考えると、ちょっとだけ足が震えた。

初戦の相手は、全国制覇を何度もしている地元・大阪の強豪高校。ぼくは「強いといってもプロ野球選手がいるわけじゃあるまいし。同じ高校生なんだから勝機はある」と思っていた。けれども、ちょっとしたプレーで流れが相手にいってしまい……、中盤からはこっちのペースに持ち込めたけど、結局、追いつけずに負けてしまった。

負けた悔しさもあったけど、この仲間たちともう試合をすることができないんだ、そう思ったら涙がどんどんあふれてきた。もう三十八人がそろって野球をすることもないんだぁ。ただただ寂しかった。

もっと長く、甲子園にいたかった。もっと長く、みんなと野球がしたかった。

応援席に挨拶に行ったときは、涙でよく見えなかった。でも、「よくやった！」という声がたくさん聞こえてきて、ぼくは本当にチームが誇らしかった。

宿舎に戻ると、監督が選手一人ひとりに声をかけてくれた。ぼくには……、「チームを支えてくれてありがとうな！」。そう言ってもらえた。
ガッチリ握手をしながらぼくはボロボロ泣いてしまった。泣いて泣いて言葉にならないような声で、「監督さん、ぼくのほうこそありがとうございます。いろんなことを教えてくれて、ありがとうございます！」。そう叫んでいた。

あの暑くて熱い夏から半年。何事もなく、元気に高校を卒業することができた。これも、支えてくれたみんなのおかげ。あらためてみんなへの感謝の気持ちがふつふつと沸きあがってきたぼくは、卒業式の夜、野球部の仲間に「今までありがとう」というメールを送った。

すると、次から次へと返信が来た。どれを読んでも、みんなぼくへの感謝の言葉をつづってくれている。「お前がいてくれたからがんばれた」「最高のマネージャーだった。歴代ナンバーワンだ！」「ブルペンで俺の球を受けてくれてありがとう。本当に感謝している」などなど。それを読んで、ぼくはまた泣いてしまった。ぼくはなんていい仲間を持ったんだろうって。

高校を卒業した今、ぼくは医療関係の会社に就職した。野球はできないけど、仲間たちとソフトボールを楽しんでいる。ハードにならないよう、気をつけながらではあるけど、とってもとっても楽しいんだ。

後輩の応援をしに、球場に足を運ぶこともまた、とっても楽しい。監督やコーチに元気な顔を見せられることは、ぼくからのささやかな恩返しだから。

よく「あきらめないことが大切だ」というけれど、それは違う。だいじなのは「初めからあきらめないこと」であって、がんばってもダメだったら、今度は逆に「あきらめること」のほうが重要になる。かえって可能性が開けるようになるのだ。

ぼくにも、かつて大きなあきらめを決断したことがあった。高校生の頃から、ずっと小説家になりたいと願い続けていたのだけれど、あるとき、それをきっぱりとあきらめたのである。

ところが、思いもよらないことに、そうやってきっぱりとあきらめた後で、小説を出すことができた。探し物というのは、探しているあいだは見つからなくても、探すのを止めたとき、えてして見つかったりするものなのである。

このエピソードの少年も、大きなあきらめを決断した。しかしそのことによって、人生を大きく切り開いた。本当に探していたものを、見つけることができたのだ。

Story10

最後の夏はスタンドから

――男子野球部員の話

ぼくは中学時代、すごく有名なピッチャーだった。身長は一七八センチあって球も速い。それにカーブを織り交ぜて打者を打ち取るのはとても爽快。二年生の秋に行われた東日本大会では優勝投手として、新聞でも大きく取りあげられた。

周りからは「お前、すごいな！」なんて言われ、「そんなことないよ」と言いながらも、ぼくはテングになっていた。

中学三年になると、近隣の高校だけじゃなく、地方の高校からも誘いが来た。調子に乗っていたぼくは、高校の関係者がグラウンドに来るたび、「オレを見にきてるのかな」「どんな条件でオレを誘ってくるかな」なんて思っていた。

ところが、監督は、

「お前は生意気なところがあるから、理解のある監督のところに行かないとつぶれる。あの先生がいる高校なら安心だ」と、そんなに強くない高校をぼくに紹介した。

最初は「えー！　もっと強い高校がいいな」って思ったけど、その高校の先生と話をしてみたら、あっという間にその先生に引き込まれた。

この先生の下で、野球をみっちりとやりたい！

その高校で、一年からビュンビュン投げる自分の姿が頭に浮かんだ。一年なのに強豪を倒して……あわよくば一年夏から甲子園かな、なんて。さらに、二年、三年と投げていくうちにドラフト候補に名前が挙がったり？　そう考えるとワクワクして、中学野球引退後も、ガンガン投げ込みをした。

だけど、高校に入学する前の冬のこと。投げ込みをしている途中に肩に痛みが走った。大丈夫だろうと思って最初は放っておいたものの、やっぱり痛みが引かない。
いろんな病院に行ったけど、原因もわからず、結局治らないまま高校入学。
もう病院をいくつ回ったかなんて覚えていないぐらい。それでもぼくの肩の痛みはおさまらなかった。ようやく事態の深刻さがわかりはじめた。

もう、ぼくの肩は治らないんだ……、もう終わりだ……。

グラウンドにいるときは平気な素振りをしていたけど、家に帰ってくると親に八つ当たりをした。親に、「もうどうせ治らないからいいよ。もういいって！　面倒くせーよ」と怒鳴って、困らせた。

自分より力はないと思っていた同級生が試合に出はじめると、もっと苦しくなった。一緒にバカ話につき合ってくれる仲間のことは大好きだった。でも、内心は「お前らはいいよな。野球ができて。オレなんて……」。心の中では泣きっぱなし。

そのうちぼくは練習をサボったり、自主練と言われてもやらずにさっさと帰ったりするようになっていった。

そんなぼくをみて、コーチが、ついに切れた。

「お前、そんなんでいいのか！」

「もういいっす。だって、もう治らないじゃないですか！」

そしたらコーチは目に涙をためて、

「そんなことオレの前で絶対言うんじゃねえ！　治んねえなんて言うな！」って。

ぼくは悔しかった。けれども、本気でぼくにぶつかってくれたことが嬉しかった。

翌日、監督に呼ばれた。

「今はつらいかもしれないけど、トレーニング次第でどうにかなる。お前がサブグラウンドでがんばっている姿は見ているから」

監督は、ちゃんとわかっていてくれたんだ……。

それからしばらくして、ある決断をした。ぼくは小さいころからピッチャーが大好きで、ずっとピッチャーとして試合に出ることばかりを考えてきた。でも、野手としてチームに貢献できないだろうか。一打席でもいいから……試合に出たかった。

それからぼくはこっそりとバッティング練習を始めた。監督には、「ピッチャーをあきらめた」と思われるのがいやで言えなかったけど、練習しているのはバレていた。二年の夏の大会前、ぼくはBチームの試合で代打として使ってもらえた。

夏の大会が終わると、勇気を出して……監督に「野手でいかしてください」と伝えた。ぼくだけ別メニューで練習しているのが、これ以上耐えられなかった。

そのうち、ぼくは試合で使ってもらえるようになった。周りから必要とされる雰囲気、それを感じるのは中学のとき以来だから本当に嬉しかった。

二年秋、背番号十三をつけてついにベンチ入り。でも、試合には出られず、チームも上位進出ができないまま敗退。センバツ甲子園の道は絶たれた。

大会後、チームにトレーナーがつくことになった。肩に詳しい人だという。監督はそのトレーナーさんに「あいつの肩をみてやってくれ」と言ってくれ、みてもらうと、その方は「筋肉の鍛え方と体のバランスを整えれば、投げられるようになるかも」と言ってくれた。

ぼくのピッチャー熱がまたわきあがった。「もう一度投げられるかもしれない」という気持ちが涙が出るくらい嬉しかった。

光が見え、その人を信じてトレーニングを重ねた。すると、本当によくなっていった。ぼくはボールを投げられるようになっていったんだ。奇跡だった。速い球は放れないけど、痛みがなく放れる。野球選手だからボールが投げられるなんてことは当たり前のこと。でも、投げられる喜びをこれほど感じたことはない。

年が明けるとブルペンでも投げられるようになった。志願して紅白戦でも投げさせてもらうと、バッターと対する、あの久しぶりの感覚がスーッとよみがえってきて、ぼくは天にも昇る気持ちになった。楽しい！　すっごく楽しい！

三年春、ぼくはギリギリの二十番でベンチに入れてもらった。監督の温情だろう。夏のシード取りの大事な大会、ぼくに出番は回ってこないけど、必死で声を出した。

その最後の試合で、なんと、ぼくは公式戦で初めてマウンドに立った。エースが打たれて点差が開いてしまった後、監督がぼくを呼んだ。

「行ってこい！」

中学時代は緊張なんてしたことない。すごいピッチャーだったんだから。だけど、このときは……足がガクガク震えた。正直、あんまり覚えていない。無我夢中で、ただミットに向かって投げ込んでいた。

これがぼくの、高校生活の中でたった一度の投手経験。

公式戦で投げたのは、あれが最初で最後。負けた試合だったのに、みんなは「よかったな！　投げられてよかったな！」って言ってくれた。ありがたかった。

夏、ぼくはベンチにも入れなかった。実は、メンバー発表の前に監督に呼ばれていて話をしていた。

監督は……。

「もし、お前が高校で野球をやめるんなら、無理をしてでも投げさせてやりたいという気持ちはある。でも、お前はこの間、『大学でも野球を続けたいです』と言ってくれた。こんなつらい思いをしても、まだ野球をやると言ってくれたその気持ち、俺自身、とても嬉しかった。だったら、今、目先の目標にとらわれて無理をして投げて、肩をまたこわしてほしくないんだ」

さらに、

「おれも、甲子園という目標があってやる以上、勝つことが一番。お前もチームに勝ってもらいたいだろう？　だから、おれは勝つことを考えていちばんいいメンバーを選ぶ。今回はベンチには入れられない。でも、最後まで一緒に戦ってほしい」

この言葉を聞いて、ぼくは納得した。いや、納得なんてものじゃない。心が動かされた。大きく動かされた。涙があふれてきて、それをぬぐいながら、

「わかりました！　ありがとうございます」と言っていた。

三年夏、ぼくはスタンドから仲間たちをできるだけ大きい声で応援していた。まさ

か、最後の夏、自分がここでこうしているとは夢にも思っていなかった。ドラフト候補になってビュンビュン投げていると思っていたのだから……。

けれども、そんなことはもうどうでもよかった。中学時代だったら、「自分が出られないなら、勝ってもしょうがない」って言っていただろう。でも、ぼくは変わった。苦楽を共にした仲間たちに、甲子園に行ってもらいたかったんだ。

あれから一年近くがたち、ぼくは監督と約束した通り、大学で野球部に入ってがんばっている。ぼくたちは甲子園には行けなかったけど……。

今、あらためて思う。ケガをしなかったほうが、そりゃあよかった。でも、ケガをしないままの自分だったらどうなっていただろう。テングで、人の痛みも何もわからない人間になっていたかもしれない。これからも、投げられる幸せを感じながら、大学野球のマウンドに立てる日を目標に、がんばっていこうと思う。

ぼくも昔、自分にすごく自信のあった時代があった。自分のアイデアを面白いと思い、文章も上手いと思っていた。だから、本を出したい、出せばヒットするとずっと思っていたのだけれど、しかしなかなか出せなかった。それで、本当につらい思いを何度も味わい、プライドは粉々に砕け散った。

その後、運良く本を出すことができ、それをたくさんの人に読んでもらえた。それで、周りの人からは「あのとき、苦労して良かったね」と言われたが、しかし、それには素直にうなずけなかった。いくら本を出してヒットしたからといって、あの苦しかった時代があったから良かったとは言えなかった。あの苦労はもう味わいたくない。

ぼくは今でもこう思う。「もし苦労をせず、本を出せていたなら、どうなっていただろう?」。しかし、そう考えていると、なぜだか「また次の本を書こう、書きたい」という思いが沸きあがってくるから不思議である。

Story 11 人を支えたいと思った

――女子硬式野球部員の話

「先輩、がんばってください」

と、後輩たちから「支」という一文字が入ったお守りをもらいました。

そして、私の高校の女子硬式野球部は、春の全国大会で優勝！

キラキラ光る優勝メダルを見たとき、高校の寮に入ってから今まで私を支えてくれていた、家族の顔が自然と浮かびました。

毎朝心配してメールをくれるお母さんや、困ったときにはいつでも相談にのってくれる優しいお兄ちゃん。メダルを見せてあげようと思い、約一年ぶりに地元の栃木に帰省しました。

お兄ちゃんにメダルをかけてあげると、「よくがんばったな」って満面の笑み。その日はお兄ちゃんが遊園地やデパートなど、いろいろな場所に遊びに連れていってくれました。久しぶりに会う兄との一日。楽しかったなあ。

ところが、その日から数日後、毎朝来るはずの母からのメールが来ませんでした。おかしい、と思って電話をしました。

すると「お兄ちゃんが事故に遭って……！」という母の震える言葉。たいしたことないはず、そう自分に言い聞かせながら、あわてて兄が入院している病院に向かいました。けれども、案内された先は集中治療室。目に飛び込んできたのは、たくさんの機械のチューブに繋がれたお兄ちゃんの姿でした。

うそ！　お兄ちゃんがこんな――。

両親の前でもチームメイトの前でも、人前で泣くなんて一度もなかった私。けれども、兄の姿を見たとたん、ワーッと泣き崩れてしまいました。つい数日前まであんなに元気だった兄。どうしようもなく涙が止まらない。その私の姿を見て、母もまた号泣しました。

その後、数時間記憶がありません。でもふっと我に返りました。野球の試合でも、捕手の私が暗い顔をしているとみんなにそれが伝わってしまう。

私、泣いてる場合じゃない。

私よりもいつも一緒に過ごしていたお母さんのほうがずっとつらいはず。私が家族を支えなきゃいけないと思いました。

次の日から、意識のない兄に、試合中チームメイトをいつも励ますように、「お兄ちゃん、お兄ちゃん」と声をかけました。なぜかわかりませんが、私が声をかけるたびに、下がっていた兄の心拍数が上がるんです。毎日声をかけ続け、少しずつ兄の容態はよくなってきました。母の顔にも少し笑顔が戻りました。

翌年、兄は奇跡的に大学に通えるまでに回復。とはいえ、脳に少し障害が残り、左足は切断してしまいました。

つらい現実ですが、お兄ちゃんの笑顔が見られるだけで、とても幸せです。

その頃でした。カナダ女子野球代表チームの捕手の方が、末期の乳ガンを患いながらもプレーしていると聞いたのは。何かできないかと部員全員で話し合い、「みんなで千羽鶴を折って届けよう！」ということになりました。

チームのみんなも私も願いを込めて一羽一羽折り続けました。千羽が完成し、タイミングよく練習のため、カナダに遠征に行くことに。そして一緒に練習もできることになりました。

同じ捕手というポジション同士、キャッチボールをしました。力強いボールがミットに収まります。この人が末期ガンだなんてとても思えないくらい、笑顔ではつらつと輝いていました。

その夜、ホテルで千羽鶴を手渡すと、その方の目からは涙があふれました。

「ありがとう。私は野球があったからこそみんなにも出会えてこんなに幸せな人生を送ってこれました。最後はグラウンドから天国に行きたいと思っています」

私たちは言葉も返せず、ただただ涙を流しながらその方と抱きしめ合いました。それは私が人前で流した二度目の涙……。

次の年の夏、三年間の野球生活が終わりました。全国大会優勝などの楽しかったこと、日々の練習などつらかったこともたくさんありました。

でも家族がいて、チームメイトがいて、五体満足に野球ができたことに感謝。

体に障害を抱えながらも一生懸命生きている兄。余命いくばくもなくても笑顔で野球を続ける彼女――。

「野球のボールと同じ丸い地球に、みんな同じように必死に生きている」

それなのになぜだろう、人間は決して平等じゃないんだなって。

私は困っている人たちの力に少しでもなりたい――。

後輩にもらったお守りが示している通り、私に誰かを支えることができたら。

私は今、医者になるために、受験勉強中です。お医者さんになって、困っている人々を少しでも支えていきたい、助けたいって思います。

「支」。このお守りは宝物。そして、私の心の原点です。

生きるとは何か？　生きていく中で、この問いに突き当たらない人はいない。それは、なぜスポーツをするのか、という問いにも似ている。スポーツをしていると、ふと、「自分は一体何のためにスポーツをしているのだろう？」と、根元的な疑問に突き当たることがあるのだ。

しかし、その問いへの答えというものは、究極的には、ない。人が生きるということに意味を見つけるのが難しいように、スポーツをすることにも、特別な意味があるわけではないのだ。そう、人は意味もなくスポーツをしているのである。

ところが、そうなったときに、そこには一つだけ、意味が残る。それは、「意味がない」という「意味」だ。

そのことが、すばらしいのである。人は、意味もなくスポーツをする。だからこそ、それは、他の何にも比べようがなく、すばらしいものとなるのだ。

Story 12

よみがえったチームメイトの記憶

——男子野球部員の話

野球のトレーナーとして独立したい！
ぼくが再び夢を持って過ごし始めた七月。

突然、電話が鳴った。

それは、消防士になったアイツが、訓練中に命を落としたという電話だった——。

おさななじみのアイツとは、幼稚園からずっといっしょ。
小学校二年生でぼくが野球チームに入ったのも、近所に住むアイツに誘われたからだ。それからは十一年間、ぼくらは毎日同じグラウンドの中で、野球をして過ごしてきた。キャッチャーだったアイツは、小学校五年生からぼくとバッテリーを組んできた。

中学生になってからは、部活の帰り道に、「おれらで、いっしょに甲子園に行けたらいいよな」って、よく話していた。

今思えば、あのときからぼくたちの夢は、はじまっていたんだ。

だからそろって同じ県立高校の野球部に入部したのも不思議ではなかった。

アイツとぼくは、お互い強気な性格だった。

試合中、いい球がいかないと、「気合い入れろよ」って意味を込めて、ものすごい力でアイツはボールを投げ返してくる。ぼくはぼくで、ピンチのとき、マウンドに駆け寄ってくるアイツに「来るなよ、大丈夫だから」って言ったりして……。

でも、練習が終わると二人でつるんで、仲間にイタズラしたり、毎日面白いことを見つけては笑ってすごしていた。

そういえば、アイツも一度だけ泣いた日があった。夏の大会前、6月の練習試合で、午前中の試合が終わってお昼ごはんを食べているときに、突然「おれ、野球部を辞める」って言って泣き出したんだ。

その頃、アイツは監督から毎日怒られ、徹底的に絞られて苦しいときだったんだと思う。ぼくもそうだけど、アイツも人に悩みを相談したりしないから、そこまで気持ちが追いつめられていたことに、ぼくらは気づかなかった。みんなで必死に止めた翌日、アイツは何事もなかったかのように今まで通り練習に打ち込んでいたけど。


そして七月。ぼくらは夏の地区大会を迎えた。

ぼくはエースになることはできなかったけど、抑え投手として背番号十一をつけてベンチ入りした。

不思議なことにこのとき、ぼくらは誰一人、「甲子園」という文字が頭になかった。この三年間、必死で目指してきた甲子園。でも全員が、最後の夏は自分たちの力を出すだけ、それぞれの役割を果たすだけと、純粋に信じることができた。仲間を信じていた。

ぼくらは自分たちの野球を貫き、なんと決勝戦まで進んだ。

決勝戦では、ぼくはベンチから試合を見守っていた。

途中でエースが打たれ出したとき、キャッチャーのアイツはタイムを取ってマウンドに駆け寄っていった。

アイツはピッチャーに対して「がんばれ」とは絶対に言わないやつだ。

このときも、「もっと打たれろよ。勝ったら俺らの夏休みがなくなっちまうだろ」と言って笑わせて、ピンチをしのいだんだ。

そして、同点で迎えた九回裏の攻撃。ランナー三塁の場面で、打席に立ったのはアイツだった。

頼む、打ってくれ、おれの分まで打ってくれ！

心の中で叫んでいた。

グラウンドに響いた金属音。

アイツの一振りは、ぼくらを甲子園に導くサヨナラヒットに！

少年時代からのぼくらの夢が叶った瞬間だった。

ぼくはアイツめがけて走っていた。

「おれたち行けるんだ、甲子園に！」

甲子園初出場を決めたぼくらは、地元から大きな声援を受け、甲子園でも初勝利を飾った。

ぼくらはこの年の夏、今までの人生の中でいちばん輝いていた。


あの夢のような、熱い夏から七年。テレビでは甲子園をやっていた。

ぼくは甲子園に出場したときにもらった記念の冊子を久しぶりに開いてみた。そこには、ぼくらが引退した後に書いた作文が載っていた。

アイツの作文に目がとまる。そこには、こんな言葉が書かれていた。

この野球部に入って多くの仲間と巡り合うことができた。多くの人に出会うことは、自分の成長の糧となった。

人の話もろくに聞けず、未熟者であった自分がつかんだ栄光。

「甲子園」。

あのときの想いは一生忘れることはないだろう。

そして、甲子園が自分に教えてくれたもの。

それは、「夢は最後まであきらめてはいけない」ということなんだ。

目を閉じるとあのときのアイツの顔、応援の歓声、甲子園のグラウンドの匂いを思い出す。

冊子に落ちた涙をふきながら、アイツの分まで精いっぱい生きよう。

そうぼくは心に固く誓った。

「甲子園だけが高校野球ではない」ということを最後の最後に知るのは、実は甲子園出場を果たした球児たちである。

甲子園は栄光に満ちている。その場所はあまりにもまぶしく、子どもたちに強烈な興奮と喜びをもたらす。だから、そこに出場を果たした選手たちは、それ以前の、努力のプロセスや、ときには挫折しかけた経験など、どうしても忘れてしまいがちになる。それゆえ、甲子園に出場した球児ほど「甲子園だけが高校野球ではない」という事実にすぐには気づきにくくなっているのだ。

しかし、それも時間の問題ではある。歳月というのは、人に真実を気づかせるための魔法の粉だ。たとえ甲子園に出場した経験があったとしても、そこから長い歳月を経てふと過去を振り返ったとき、まず真っ先に思い返されるのは、あの栄光ではなく、そこへ至るまでの、汗と泥と涙にまみれたプロセスのほうなのである。

Story 13

和歌山県のプラカード

――女子高校生の話

高校一年生の夏、甲子園九十回記念大会で、出場校のプラカードを持って行進する生徒たちを、私はテレビで見ていました。

「いいなあ。やっぱり受けるだけでも受けたらよかった……」

見るたびにため息。プラカードを持ってさっそうと行進する役割は、高校野球好きの女子高生にとっては憧れの的なのです。

私の学校は、昭和二十四年から夏の甲子園出場校のプラカードを持って行進する役目を、伝統として受け継いできました。

もしかして、プラカード嬢になれるかも？　なんて思って入学したものの、プラカード嬢には、運動部の子が優先されて選ばれるという噂を聞きました。小学校のときから貧血で倒れたりすることもあって、運動部に入っていなかった私。落ちて傷つくのがイヤで、応募できませんでした。

でも、夏が終わったとき、
来年は落ちてもかまわない、受けるだけでも受けてみよう！
そう心に決めました。

二年生になり、六月の応募の時期が来ました。応募用紙に名前書くとき、とっても緊張。折りたたんだ用紙をお守りのように握りしめ、
「絶対受かりたい」
と祈りながら、ボックスに用紙を入れました。

そして、七月の選考会を迎えました。運動場に行くと、応募した子たちが百人はいます。

ここから五十人、半分に絞られるんや。

一人ひとりにプラカード代わりの竹の棒が渡され、次々に行進させられます。

音楽のテンポに乗れない私を、先生がノートにチェックしてるのを見てしまったときはショックでした。

ああ、もうダメだ。きっと落ちた。

そして八月の発表の日……。合格者の番号が掲載されている掲示板に向かいました。

私は先生の前でリズムに乗れなかったところをチェックされているから、どう考えても落ちてる……。

自分の番号三十六が掲載されているかドキドキしながら掲示板を見上げました。

「三十六」

「やった‼」

思わず叫んでしまいました。

その後、選ばれた子たちで四日間の練習を行う。でもここからが本番でした。

「お前、遅れとるんがわからんのか！」

運動部の先生方が教官として、行進する子たちをチェックします。先生たちの怒り方が怖くて怖くて……。

「肩がゆれとるぞ！」。何度も怒られました。

自信をなくして帰宅した私。

それでも、注意されたことを忠実にこなせば、何とかなるかもしれない。その日、注意されたことをノートに書き出して全部暗記しました。

夜は、鏡の前で何度も何度も行進の練習。

次の日、練習に行くのが怖かったです。また、怒られるって。

とにかく、注意されたことに気をつけて行進しました。自分の動きと周りの動きもよく見て、持っている竹の棒を揺らさずに歩くことに、細心の注意を払いました。

炎天下の運動場で、テンポ通りに歩いたと思ったら、「やりなおしや！　そこまで走れ！」と元に戻らされたり、止まったり、走ったり。暑い中しんどかったですが、少しずつ体力がついてきたようでした。そして全ての練習が終了。

「暑い中お疲れ様でした。本番もがんばりましょう！」

いつも、怖かった先生がこの日初めてやさしく感じられました。

その日の夜、私がプラカードを持つことになった和歌山の学校を、パソコンでチェック。その学校は和歌山県の強豪で、とても有名でした。

責任重大！　プラカード嬢が野球部員の前で倒れたりしたら不吉や。

ドキドキしながら、夏の甲子園を迎えました。


開会式前日に練習を行い、今日は本番。朝、選手たちと一緒に入場の練習を行います。私は初めて出会う高校野球の選手たちを前に、今まで経験したことがないくらい緊張。和歌山県のチームのキャプテンを前に自己紹介もできません。


「そんなに緊張しなくていいよ。リラックスして歩いてくれればいいから」

キャプテンが話しかけてくれました。

そんなやさしい言葉をかけてもらえるなんて……。

決して倒れずに、プラカードも揺らさず行進するんだ！

そう強く思いながら出番を待ちました。

「選手入場！」

開会式が始まり、行進が始まる。

「和歌山県」

と司会の子が言い、私はプラカードを掲げ行進を始めました。

広い！

全てが広く感じました。グラウンドも観客席も大きな空も――。

お客さんたちの歓声が大きく響いてきます。

この日のためにがんばってきた自分が少し誇らしい。でも少し寂しくなりました。
せっかく出会えた和歌山の選手たち、やさしいキャプテン。グラウンドを一周したら
もう会話もできないんだなって。

短い出会いだったなあ……。
長くて短い、プラカード嬢としての私の役目は終わりました。

私は甲子園の大会中、和歌山の学校の試合を応援に行きました。チームはベスト8をかける試合で敗退。
試合終了の後、あいさつのため応援席の前に選手たちが整列しました。あのキャプテンの号令で深くお辞儀をする選手たちを見たとき、涙がポロリとこぼれました。

ああ、私の夏も今日で本当に終わったんだと思いながら――。

昔――昭和の初め頃、人々は夏になると、おしなべて白い服を着たのだという。男性は白いシャツを着たし、女性は白いワンピース、子どもは白いランニングを着た。

その老若男女が甲子園のスタンドを埋め尽くすから、スタジオは白色でふくれあがるようだったという。特に、一、三塁側のスタンドが雪山のようにふくれあがったことから、「アルプススタンド」という名前がつけられたのだそうだ。

それは壮観な景色だっただろう。ぼくが物心つく前には、もうそういう景色は失われてしまっていたのだけれど、一度でいいから見てみたかった。

そういうふうに、野球場には「訪れないと絶対に見ることができない景色」というものがある。そして、後になって野球場のことを思い出したとき、いちばん懐かしく思い起こされるのは、肝心のゲームよりも、そうした景色のほうであったりするのだ。

Story 14
耳が聞こえなくても野球がしたかった

——男子野球部員の話

ぼくは生まれつき耳が聞こえない。

自分が「人と違うんだ」と気づいたのはずいぶん大きくなってから。

なんで自分だけこうなんだろう。

そう思ったこともあったけど、親をうらんだりしたことは一度もない。だって、両親はぼくに野球ができる体をくれたから。スーパーってほどではないが、運動神経はわりといい。だからそんな体に生んでくれた両親に、ぼくはとっても感謝している。


小学五年生になったとき、地元のソフトボール大会に誘われて出場したら、そのとき大会を見に来ていた少年野球のチームの監督さんが誘ってくれた。

「一緒に野球をやろう！　耳？　野球が好きならできるよ。みんなと同じようにビシビシ鍛えてやるぞ！」

ちょっと不安だったけど、ぼくも野球ができるんだ！　と思うとすごく嬉しかった。チームに入ると、試合で活躍したくて家で一生懸命練習した。六年生の最後の大会ではホームランも打った。

中学生になって、ぼくが通う、ろう学校にも軟式野球部はあった。けれども、ぼくは硬式野球がやりたいと思った。甲子園に行くためには早いうちから硬球に慣れておいたほうがいい。

地元の硬式のシニアチームに聞きにいくと……しばらく待ってほしい、と言われた。やっぱりこんなぼくじゃダメなのか。硬式野球はできないのかな。思い切ってもう一度チームを訪ね、監督に自分の気持ちを伝えた。

「絶対に最後までがんばります。甲子園に行きたいから、ここでやらせてください。お願いします！」

そう言いながら涙がボロボロと出てきた。どうしてもやりたかったから、ぼくは泣きながら何度も頭を下げた。

すると監督が、

「よし、がんばろう！　高校野球ができるようにいっぱい練習しよう！」

そう言ってぼくを受け入れてくれた。

ぼくはまた、泣きながら

「よろしくお願いします」

と言って頭を下げた。

それから三年間、ぼくは死にもの狂いで練習した。仲間の指示や声も聞こえなくて大変だったけど、練習を重ねるうちに感覚でわかるようになってきた。

「障害のある人は特別な能力を持っている」なんて言われることもあって、ぼくにとってはそれなのかもしれない。内野を守るぼくは、ベンチからの監督の声、キャッチャーからの指示、外野からの声も、「耳」ではなく「心」で聞こえる感じがする。

三年の春、ぼくは背番号四を背負ってシニアの全国選抜大会に出場することができた。初戦で負けてしまったけど、大きな大きな体験だった。

この調子だ、この調子で高校に進んで甲子園に行くんだ！

中学三年でシニアを引退し、監督に進路を聞かれたとき、ぼくはこう伝えた。

「甲子園に出られるぐらい強くて、ぼくに野球をやらせてくれる高校があるなら全国どこへでも行きます！　がんばるのでよろしくお願いします！」

それから監督と総監督が懸命に高校を探してくれた。でも――。

「危険ですもんね……」
「監督の私の判断だけでは決められないんですよ……」
「私は来てほしいですが、学校に受け入れる体制がないもので……」

ぼくは、甲子園を目指すことはできないんだろうか。

そんなある日、監督が監督の母校に尋ねたところ「がんばって勉強して、受験して入ってください。受かりましたらこちらは精一杯指導します」と言ってくれたのだ。
それから必死に勉強して、その高校に合格することができた。甲子園に何度も出場している強豪高校。プロ野球選手も多く輩出している。ぼくはようやくスタートラインに立つことができて、嬉しくてたまらなかった。

高校生活は思った以上にきつかった。まずは学校生活と野球の両立に戸惑った。というのも、これまではろう学校だったから、授業は手話などを使って行われていたけど、高校では普通に授業が行われる。授業にかなりの労力を使うことになったんだ。授業でヘトヘトになった上で野球の練習が始まる。友だちとのコミュニケーションは何とかできても、体力的にはかなりしんどかった。

でも、そんなときこそ、

甲子園！　甲子園にいくんだ！　こんなことでへこたれてる場合じゃない！

その気持ちがぼくの支えだった。

二年秋、ぼくはベンチ入りをすることができた。背番号は十五。代走や守備固めでの出場。

三年春も背番号十七をもらってベンチ入り。試合には出られなかったが、最後の夏に向け、「さぁ、がんばるぞ！」って何度も気合を入れた。

そんな矢先——野球部の監督が代わり、チームの方針がガラリと変わった。勢いのある一年生を積極起用していくという新監督。ぼくは、オープン戦への遠征メンバーにも外れることが多くなった。それでもあきらめずに練習をしたけど。

夏のメンバー発表の日、ぼくの名前は呼ばれなかった。

悔しくて、悔しくて、悔しくて、家に帰ってから自分の部屋でずっと泣いた。泣いても何も変わらないけど、でも、涙は止まらなかった。

泣いているうちに、

(三年間一緒にがんばってきた仲間を、できる限り応援しよう)

そんなふうに気持ちが変わってきた。ぼくのことを支えてくれた仲間たちに甲子園に連れていってもらうんだ、

いや、ぼくの応援や盛り上げでみんなを甲子園に連れていくんだ!

でも……二回戦で負けてしまった。

ぼくたちの、ぼくの甲子園への道は途絶えた。

今、生まれてからずっと支えてくれた親元を離れ、ぼくは北海道にいる。

北海道のある大学が、ぼくみたいな選手にチャンスをくれると言ってくれたのだ。学校には社会福祉学科があり、勉強をがんばれば教員免許も取れる。将来、ろう学校の監督として甲子園に出場するという、新たな夢にも近づける！

広大な大地に立って今感じることは、ぼくの存在など本当にちっぽけなものだということ。けれど、こんなちっぽけなぼくでも、小さなことを積み重ねていけば、きっと大きな力になるんじゃないか、大きなことができるんじゃないか、そう思うんだ。

両親に感謝をしつつ、これから一人で強く生きていくんだ。

ここからが、ぼくの再スタートだ。

よく「あきらめなければ夢は叶う」というけれども、それは違う。それならば、甲子園出場という夢を持ちながら、それでもそれを果たせなかった全ての球児たちは、「夢をあきらめたから叶わなかった」ということになってしまう。そんなことは断じてない。

夢は、当たり前の話だけれど、叶ったり叶わなかったりする。だから、大切なのは「あきらめないこと」ではない。それよりも、「叶わないことを恐れず、失敗してもいいから挑戦して、ぶつかってみること」なのである。

そのことの大切さを、このエピソードは教えてくれる。甲子園出場という夢を叶えるため、失敗を怖れず、挑戦をやめなかった。いくつかの困難が立ちはだかっても、ぶつかり続けることをやめなかった。

その結果、甲子園に出られなかった。結局、夢は叶わなかった。しかしそのとき、彼の心の中には、夢以上に大切なものが残った。

Story 15

先生に負かされた

――男子野球部員の話

先生が異動になるかもしれないという噂がたったのは三月に入ってすぐ。先生はすでに十年以上、この学校にいたから、そうなってもおかしくなかった。

「おれは四月からいなくなる。次の監督にはもう話をして、お前らのこと任せているから安心しろ」

ぼくは泣き虫だ。先生の話を最後まで聞き終わる前に、ボロボロと涙が出てきた。

どうして、先生行っちゃうの？

あと三カ月でぼくらの最後の夏が来るんだよ。

ぼくは先生のもとで野球がしたくて、ここに入ったんだ。

先生、行かないでほしい。

ぼくらの最後の試合まで見届けてほしいんだ。必ず勝つから。

先生を甲子園に連れていくから……。


悲しくて、悲しくて、さびしかった。

そして、三月三十日の練習試合。これが、先生が指揮をとる最後の試合だ。後半、
先生はぼくをキャッチャーで使ってくれた。だけど、逆転されて負けてしまったんだ。

次の日の離任式。

ぼくは、先生のもとへ行くと、我慢していた涙がまた出てきた。

「昨日は勝たせられなくて……すみませんでした」

先生は、

「そんなことで泣くな！　甲子園で勝って泣け！　甲子園で勝てばいいから」

と言って、「がんばれよ！」とぼくの肩をたたいてくれた。

そして、先生は、隣りの高校に赴任していった。

夏以降の新チームから監督に就任するようだ。その高校の野球部には、小学校や中学時代の友だちがたくさんいる。だから先生は本当は近くにいるはずなのに、もうぼくらの先生ではないんだと思うと、ものすごく遠くに感じた。

次の日、ぼくらがグラウンドに行くと、やっぱり先生の姿はなかった。みんなも落ち込んでいるのがわかった。本当にいなくなってしまったんだ。

大好きな先生がいなくなってしまったぼくらに何ができるんだろう。どうやって、甲子園に行けばいいんだろう。

先生、教えてよ――。

夏の予選まであと三カ月。新しい監督とコーチの下での野球が始まっていた。悲しんでばかりはいられない。先生と約束した甲子園に行って、先生に喜んでほしいから。

ぼくらは走り続けた。

そして、夏の埼玉大会の組み合わせ抽選日。

「初戦の相手は――」

そこには、先生が赴任した高校の名前が！　ぼくは教室から飛び出すと、野球部みんなが廊下に集まってきた。

「うそだろ？」

「冗談だよな？」

「ありえないだろ！」

みんなが驚いていた。こんな偶然ってあるんだろうか。ぼくらはできれば、先生の学校とは試合をしたくなかった。しかも甲子園をかけた予選の初戦からなんて。せめて、もっと勝ちあがってから対戦したかった。


それから試合までの二週間。帰りの電車で、隣りの高校の野球部員に会っても、ぼくらはしゃべらなくなった。

それくらい相手を意識していた。何より、先生の存在を意識していた。

噂では、先生は、ぼくらのエースの一四〇キロ対策の練習メニューを、組んでいるらしい。

先生、本気で勝ちにくるつもりなのか。

それならぼくらも負けられない!

「オレらは、初戦に勝つことが先生への恩返しだ!」

みんなで話して、初戦を迎えた。


ベンチには、相手高校のユニフォームを着た先生の姿があった。ぼくは控えキャッチャーだったけれど、この日は投球練習場に入らなかった。

声を出すのが今日の役目。向こうのベンチで一番声を出しているのは、先生だった。

あんなに試合で声を出す先生をぼくは初めて見た。

先生がその気なら、ぼくも声で先生と勝負する！

五回終わって3対0とぼくらがリード。

しかし、後半。ぼくらのエースが集中打を浴び、二番手が投げるも打たれて3対8に。

代打要員のぼくは、九回に監督から「行け！」と言われて、準備をしていたが、ぼくの前の打者でアウトになり、そこで試合が終わった。

ぼくらの夏が終わった。

それから、審判のもとへ整列しにいき、相手チームの選手たちと、ぼくらのメンバーが握手をしているそのとき、ぼくにははっきりと見えたんだ。

顔をうずめてベンチの奥で泣き崩れている先生の姿が――。

先生があんなに泣いているのを、見たことがなかった。

ぼくは、まっすぐに先生に向かって、頭を下げた。

先生は、泣いていたから、きっとぼくのことは気づいていない。泣き虫のぼくが、またこうやって泣いているってことも知らないだろう。

「甲子園で勝って泣く」と先生と約束していたのに。

約束守れなくて、すみません――。

先生、ぼくは先生と出会えて本当によかった。

先生は、野球もうまくなくて、本当ならベンチにも入れないようなぼくを、いちばん声が出ているからという理由で、秋の新人戦のときにぼくに背番号十九を渡してくれた。

先生、知っている？　ぼくが一年生のときから、誰よりも声を出していた理由を。

先生は、「声出してるやつをおれは使うよ！」とよく言っていた。

だから、ぼくは、選手を技術だけじゃない部分でも評価してくれる先生に認めてほしくて、誰よりも声を出して練習を盛りあげていたんだ。

先生は、そんなぼくを認めてくれた。

だから、もっとがんばろう、先生のためにがんばりたい、って思うことができた。


この春、ぼくは就職せずに大学へ進んだ。

将来高校の先生になって、野球部の監督になる。


この夢は、先生がぼくの前からいなくなってから見つけたんだ。

先生はいつも言っていた。

「高校野球ってすばらしいぞ」

ぼくは、甲子園をもう一度目指す。

今度こそ、先生との約束通り、甲子園で勝って泣くんだ。

その昔、高校野球というものの残酷さに、ちょっと慄然《りつぜん》とさせられたことがある。というのも、例えば出場校が四〇〇〇校あったとすると、勝ち残るのはたったの一校で、残りの三九九九校は必ず「負け」て終わらなければならないからだ。その「負け」のおびただしい集積が、高校野球というものの正体なのである。これは本当に怖ろしいことだ。

ところが、最近になって、いつしかその考えは変わった。最初は怖いと考えていたその「負け」こそが、実は高校野球のすばらしさの本質なのではないか——という考えに変わったからだ。自分自身も、人生において数々の失敗——つまり「負け」を経験してきた。その中で、さまざまな学びを得てきたのだ。人間というものは、実は勝ちよりも負けの中にこそ学び、成長させられるものなのである。

つまり高校野球は、単なる三九九九の「負け」の集積ではないのである。それは、三九九九の「学び」の集積でもあるのだ。

Story16

やめるチャンスはいくらでもあった

――男子野球部員の話

正直言って、ぼくは野球が好きじゃなかった。野球なんてやりたくなかった。だって、練習が土日になると朝から夕方までみっちりやって遊べなくなるから。学校の友だちと遊びたいし、家でテレビも見たい、昼寝もしたい。それなのに、小学生のとき、お父さんに無理やりすすめられて野球をはじめた。

本当に、イヤイヤだった。

嫌いな理由はもう一つあった。お母さんだ。ぼくのお母さんは外国人。今は日本語を話せるけど、あのころは日本語があまり話せなかった。野球の応援に来て、片言の日本語でぼくに話しかけるのがイヤだったんだ。

なんでぼくのお母さんは外国人なんだろう。お父さんは日本人、ぼくも日本人で日本語が話せるのに、どうしてお母さんは話せないんだろう。何度もそう思った。友だちからも「お前のお母さん、外人だろ」と言われたし、ぼくにも「お前もガイジンだ」と突っかかってくるヤツもいた。だから、ぼくは野球に行きたくなかったんだ。でも、むりやり行かされた。お父さんのこともお母さんのことも、嫌いになりかけていた。

中学に入ったら、今度こそ野球はやらないぞと思っていた。でも、両親に「クラブチームか、学校の軟式野球部か、どちらかに入りなさい」って言われた。仕方がないから、友だちがいて練習が楽そうな学校の野球部を選んだ。でも、やっぱり放課後は友だちと遊びたくて、次第に練習に行かなくなって……結局は辞めてしまった。

両親は今度は地元の強豪クラブチームにぼくを入れた。イヤだったのに……。本当にやりたくなかったから、ぼくは親に反抗した。

「月曜から金曜まで学校に行って疲れているのに、また土日に野球やれだなんて。せっかくの休みなのに、なんで一日中、野球の練習をしなきゃいけないいんだよ！」
そう言い残して家出した。

けれども、家出をしても行くところがない。友だちの家に二日間泊めてもらったけど、これ以上は迷惑がかかると考えて家に帰った。ぼくは、お父さんとお母さんが働いてくれているおかげで生活できるんだ、ということがちょっとわかった。
「もうちょっとだけ親の言うことも聞いてみようかな」
ぼくは野球チームに戻った。再び、野球を始めた。

中学三年の夏、全国大会予選、ぼくのチームは初戦で負けた。チームメイトは泣いていたけど、ぼくは、「ようやく遊べる」と嬉しかった。

秋になり、進路を決める時期、ぼくは「野球の推薦でなら楽に入学できるかもしれない。推薦で入って、ちょっとだけ野球をやって、どうせつらい練習なんて続かないだろうから辞めちゃって、バスケかサッカーをやろう」

そんな安易な気持ちで高校を決めた。

入学後、野球部に入ったけれど、もちろん長くやるつもりはなかった。最初は野手をやらされて、まあまあ結果を出していたけれど。


野手は、つまらないな。


ん？　もしかしてぼくはピッチャーがやりたいのか？

ということはぼくは野球がやりたいのか？

まさか……ぼくは野球なんてやりたくないんだ。


イヤイヤながら続けているうちに、野球部の友だちと仲良くなって、次第に楽しくなってきた。辞めたい、という気持ちはちょっとずつ薄れていた。

そんな矢先の二年夏、監督から「ピッチャーをやってみろ」と言われた。そこで今までやりたいのにできなかった鬱憤《うっぷん》が、一気に爆発した感じだった。

やる気スイッチがオンになった。

「ぼくが野球をやるのもあと一年。それなら悔いがないようにやって終わりにしよう。仲良くなった仲間とちょっとでもいい成績を残して終わろう」

初めてそんな気持ちになった。

ぼくは猛烈に練習をし始めた。ピッチャー陣のリーダーとして、後輩を引っ張っていく立場として、「やらなきゃ」という気持ちもふつふつと沸きあがってきた。チームが勝つためにはぼくががんばらなくちゃいけないわけで、監督と相談して、フォームの矯正にも取り組んだ。今までにない、練習練習また練習、そんな冬を過ごした。

そして三年春、ぼくは春の大会で最高のピッチングをした。翌日の新聞には「一躍《いちやく》ドラフト候補として躍り出た新星」などと書いてあった。ぼくがドラフト候補？　まさかね……。でも、その後、ぼくの周りが騒がしくなった。学校にスカウトや取材の人が来るようになったのだ。「もしかして、ぼくはプロ野球選手になれるのかな」。そのとき、初めて「プロ」の二文字が頭に浮かんだ。

夏の大会でも、ぼくが投げる試合にはスカウトがいっぱい来た。取材もたくさん来た。有名になった感じがして、ちょっと嬉しかった。でも……一生懸命投げたけど、甲子園には行けなかった。

中学の最後のときの試合と同じく、ぼくの目から涙は出なかった。
あのときは……遊びたかったから。
でも今度は、力の限りやり遂げたから……。

秋になって、ぼくはドラフト会議で本当に名前を呼ばれた。

後日、スカウトの方とお会いしたとき、ぼくのどこがいいのかを聞いたら、その一つに、「持って生まれた身体能力」と言われた。

お母さんが外国人で、お父さんが日本人だから……そんな理由が大きいのだという。

ぼくはお父さんとお母さんからこんなにすごい宝物をもらっていたんだ、そのとき、初めて気づいた。そして、二人に反抗してきた自分が情けなくなった。コンプレックスに思っていたことが、自分の長所だったなんて。

「お母さんのことを恥ずかしいだなんて言ってごめんなさい。ぼく、お母さんの子どもでよかった」。お母さんは、目にいっぱい涙を浮かべていた。

何度も野球を辞めようとするたびに、引き戻してくれたのはお父さんだった。「なんで野球なんてやらなきゃいけないんだよ」と反抗してきたけれど、ぼくの力を信じて、野球を続けるよう導いてくれたのはお父さんだった。お父さんじゃなかったら、ぼくはプロ野球選手になっていなかった。

ドラフト当日、心配で心配で仕事を抜けて電器店に飛び込んで、ドラフト会議を見ていたというお父さん。

「お父さん、ありがとう」

そうお礼を言うと、お父さんも目にいっぱい涙をためていた。それを見て、いつも決して泣かないぼくまでも涙が出てきてしまった。

ぼくは今、プロ野球選手としてのスタート地点に立った。そう、本当の勝負はこれからだ。入団発表の日、フラッシュがあちこちで光る中、ぼくはその光の先にいるお父さんとお母さんを見ていた。

二人は心配そうに、でも、嬉しそうに、涙を浮かべて見守ってくれていた。

「禍福《かふく》はあざなえる縄の如《ごと》し」という言葉がある。幸福と不幸は代わりばんこに来るという意味である。同じような意味を持つ「人間万事塞翁《さいおう》が馬」という言葉もある。

今、何か不幸なことがあったとする。それはそれで不幸なことなのだけれど、しかしそれは、将来において必ず何かの幸せの種になるのである。その不幸があったからこそつかめたという幸せが、この先に必ず待っている。あるいは、その逆もまた真なりだ。今の幸福は、将来の不幸の種になるかもしれない。

だから、幸福も不幸も、そのまま受け取ってはいけない。

もし、あなたが今、幸福を見失っているのだとしたら。あなたの不幸や、持っているハンディキャップを見つめると良いだろう。それが、将来における幸福の種に他ならないのだから。

Story 17

十年ごしのキャッチボール

――女子高校生の話

小学二年生のときに、彼が私のクラスに転校してきました。帰る方向が同じだったから、自然といっしょに帰るようになりました。いったん家に帰った彼はグローブを持ってうちの前にあった公園に来て、いつも壁当てをしていました。最初は窓から見ているだけだったけど、だんだんと、私も公園に行って、彼が壁当てをしているのをそこで見ているようになりました。

野球なんて全くわからなかった私に、彼は野球についていろいろと教えてくれました。

「三回アウトになったら攻撃側と守備側が交代するんだ。それをチェンジっていうんだよ」

「ピッチャーは球が速いほどいいけど、オレはコントロールもだいじだと思ってる。だから、ここでコントロールをつける練習をしているんだ」

その壁にはチョークで四角が書いてあって、彼は、その角を狙って投げる練習をしていました。

そんな彼を見て、私も野球やってみようかな。彼とキャッチボールしたいな、という気になりました。お父さんにグローブをおねだりしてみたら、「女の子がなんで野球なんだ」といってあっさり断られちゃって……。

けれども、中学生になって学校のソフトボール部に入ったら、お父さんがグローブを買ってくれました。ようやく手にしたグローブ、嬉しかったなぁ。

でも、彼は中学に入ると本格的に野球を始めてしまって、うちの前の公園で野球をやることはありませんでした。だから、彼とのキャッチボールは、できませんでした。

中学の校庭では、野球部とソフトボール部が背中合わせで練習をしています。まだまだ球拾いをしていた私とは違って、彼は一年生のときから上級生に混ざって練習をしたり、試合に出たりしていました。

すごいなあ。

彼の練習ばかりをみていて、ソフト部の監督や先輩に、「何よそ見してるんだ！」と、よく怒られたものです。

中学二年のバレンタインデーの前のこと。学年で一番かわいいと評判の友だちから「お願いがあるんだけど」と切り出されました。「彼とは小学校のときから一緒で仲がいいんでしょう？　バレンタインデーの日、私のチョコを彼に渡してくれない？」というお願いでした。え？　彼に、あなたのチョコを……？

中学に入ってからもたまに一緒に帰宅してきた彼。ずっと近くにいて、いろんな話しをして、ずっとずっと仲よしだと思っていました。でも、もし、チョコを渡してしまったら、彼とその子はつき合ってしまうかもしれない。もう一緒に帰れなくなってしまうかもしれない……。

けれども、断れない私は引き受けてしまいました。

バレンタインデーの日、彼女から預かったチョコを彼に渡すと、彼は「これ、オレが受け取っていいの？」。そう私に聞きました。

どういう意味かわからなかったけど、「頼まれたから、受け取ってあげて」。そう伝えると、彼は「わかった」。そう言って受け取り、早足で帰っていきました。

それから二人はつき合い始めたようでした。帰り道、何度か二人でいるところを見かけて、急いで隠れる自分がいました。とても悲しくて、寂しくて……泣きながら家に帰りました。そうなるとわかっていた自分の行動を、大後悔。なんであの日、私が自分のチョコを渡さなかったんだろう。たとえ断られてしまったとしても、そのほうがスッキリしたのに。

二人は同じ高校へと進学しました。彼女は野球部のマネージャーになったようです。私は違う高校へと進み、そこでソフトボールを続けました。彼を忘れたい気持ちから、ソフトに必死で打ち込みました。二年生でレギュラーになり、新チームになったとき、ついにキャプテンを任されました。でも、やっぱりグローブを見ると思い出してしまうんです。

このグローブは、彼とキャッチボールをするために買ったのだから……。

そんなある日、彼と彼女が別れた、というウワサを聞きました。本当かどうかはわからなかったけど、もしかしたら……なんて思ってしまいました。

高校三年の春、学校帰りに彼に初めてバッタリ会いました。「元気?」と言うと「なんとか」と彼。その後、何を話したらいいか分からず、二人で黙って家の方へと歩いていきました。まもなくうちに着いてしまう……私は勇気を出してメールアドレスを聞きました。「そういえば俺たち、メアドも知らなかったんだな」。そう言って、彼はすぐに教えてくれました。

アドレスは聞いたものの、何とメールを送ったらいいか分からず、ようやく送ったメールがこれ。

「最後の夏、悔いのないようがんばって！　陰から応援してるから！」

そんな誰でも書けるようなメールに対し、彼から戻ってきたメールは。

「もし時間があったら、試合見に来て。オレが投げてるところ、見てほしいんだ」

それを読んで、思わず泣いてしまいました。彼が投げている試合を見ていいんだ。今までは彼女に遠慮していました……。でも、もう、見にいっていいんだ！

夏の甲子園予選、一回戦はソフトの大会と重なって見にいけなかったけど、二回戦、彼の高校の試合を見にいきました。試合前、彼の友だちに会い、彼がこの一年間、ずっと肘痛《ひじつう》で投げられなかったことを聞きました。「あいつ、相当苦しんでたんだよ。でも、絶対最後の夏は投げるんだってがんばってた。今日がヤツの復帰戦だから、応援してやって」。そう言われて「うん」とうなずき、練習を見つめました。

マウンドに立った彼はとても堂々としていました。あの日、うちの前の公園の壁に四角を書き、その角を狙う練習をしていた彼。その日も抜群のコントロールで相手打線を打ち取っていました。七回まで投げて、被安打六、二失点。そのままいけば三回戦進出……でも、リリーフした投手が打たれてしまい、逆転負け。泣きながら引きあげる彼を、私はじっと見ていることしかできませんでした。

数日後、彼からメールが来ました。

「甲子園、行けなかった。でも、高校最後の試合を見てもらえてよかった。オレは大学で野球を続けるから、できたら、たまにでもいいから試合を見に来てほしい。見てもらえると、いいピッチングができそうな気がするんだ」。

これって……？　すぐに、「いいよ！」と答えたかったけど、すかさず「キャッチボールしてくれたらいいよ！」って返信。すると、「じゃあ、今からやろう！　グローブ持って公園に集合！」って。

彼の一番つらい時期を支えることはできませんでした。でも、これからは少しでも彼を支えていけるかもしれない。嬉しいこと、悔しいこと、楽しいこと、悲しいこと、いろいろ共有できたらいいな。そんなことを思いながら、彼とキャッチボール。

もう、嬉しくて、嬉しくて、私の目は涙でいっぱいで、彼の投げるボールが見えませんでした。

キャッチボールには不思議な力がある。経験がある人は分かると思うのだが、これは本当に楽しいのだ。

野球というと、一般的には打つことが醍醐味《だいごみ》だと思われている。実際打つことは楽しいし、「バッティングセンター」という商売があるほどだから、お金を払ってまでやる価値のあるものだ。

それに比べると、キャッチボールというのは地味である。そもそもゲーム性というのがないし、決まったやり方というのも、バッティングほど確立していない。

それでも、キャッチボールは面白い。よく会話のことを「キャッチボール」に例えるけれど、逆にキャッチボールは会話に例えられるのではないか。キャッチボールをしていると、たとえ無言でも、相手と気持ちを通い合わせることができるのだ。

Story 18

ぼくは友だちを裏切ったのか？

――男子野球部員の話

「再来年でこの高校は、廃校になる。だから、来年から新入部員の募集が停止になった。もう新しい部員は入ってこないから」

監督からの突然の報告だった。来年の夏、先輩たち四人が抜けたあとはぼくらの代は六人になる。野球は最低でも九人必要。つまり、先輩たちが引退したあとは、人数が足りずに、この学校の野球部は公式戦には出られなくなる。

この頃のぼくは、野球部の人数が少ないからという理由で自分のやりたいポジションのサードができず、いちばん嫌いなキャッチャーを任されていた。

ぼくは、キャッチャーとして、ピッチャーを励ますとか、リードするっていう性格ではなかった。みんなは自分の好きなポジションができているのに、なんで自分だけという不満が募っていた。

そんなときに、新入生募集停止の話だ。

もう、限界だ……。今いる環境すべてが、ガマンできない。

気づけば、その気持ちはチームメイトに対するイライラへと変わり、練習中、仲間に厳しい態度を取るようになっていた。

ぼくなら、今の打球取れたのに、なぜ、エラーするんだろう。

「ちゃんとやれよ！」

「おれ一人でやってるわけじゃないんやぞ！」

「もうちょっとうまくなれよ！」

同じ同級生の部員に対して、グラウンドではいつもイライラして、学校内では口もきかずに冷たくしていた。何もかも耐えられなかった。なんでぼくらがいるときに新入生募集停止になるんだ？　そんな悪いことしたかな？　別にぼくらの学年の人数が少ないわけでもないのに。大人の都合で何でこんなになるんかな。いつまで、この環境が続くんだろう。海岸沿いを歩きながら、一人で泣くこともあった。

十二月になって、冬の練習がはじまると、ぼくは親に野球部を辞めたいと相談をした。

けれども、とめられてしまった。

実際、ぼく自身、野球はやっぱり楽しいって気持ちももちろんあった。どうにかして野球を続けたい、公式戦に出たいと考えていたある日、一つの考えが浮かんだ。

ぼくは四月になると、ずっと温めてきた案を仲のよかった先生に伝えることにした。

「先生、隣りの高校の野球部と合併したいんやけど。もし、できるならぼくはそこで野球がやりたいんです」

「お前、そんなに野球したいんか？」

「正直、やりたいです」


気持ちを伝えたが、先生からは「無理だと思うから、考え直せ」と言われた。それでも、ぼくは譲らなかった。

「それしかないんです。ずっと考えてきたんです。あきらめるなんてできません」

先生はやっとぼくの気持ちをわかってくれ、その後、監督に話をしてくれた。

それから二カ月が経ち、夏の大会直前になって、監督はぼくらを集めてこう言った。

「この夏の大会が終わったら、隣りの高校の野球部でプレーすることもできるようになった。行きたい人は、行っていいぞ。どうするかは、それぞれで決めろ」

その言葉を聞いたときは本当にうれしかった。やっと、ここから抜け出せる。部員も多く、レベルの高いチームで自分の実力が試せるんだ！　これからは一日の練習も、人の三倍はやらな！

ぼくは初めて〝甲子園〟を意識した。そうか、ここの高校なら甲子園も夢じゃないんだ。ワクワクした気持ちでいっぱいだった。

ぼくは、小学校からずっと一緒に野球をやってきた今の高校の仲間にも声をかけた。

「いっしょに隣りの高校の野球部に行こうや」

「んー」

そいつはまだ悩んでいるようで、その場で返事をもらうことができなかった。しばらくしてから、二年生六人だけでこれから、どうするのかを話し合うことになった。

一人は、この夏を最後に野球部を辞めるとすでに決めていた。

ぼくは、みんなに聞いた。

「おれは隣りの高校の野球部に行くよ。みんなも来ない？」

すると、四人はこう答えた。

「俺らは残って、ここで野球を続けるよ」

そこで、初めてみんなの返事が聞けた。

正直、ぼくは自分だけ行くのが怖かった。ぼくだけ公式戦に出られて、みんなはここに残って野球を続けても、大会には参加できなくなる。複雑な気持ちだった。きっと、みんなから裏切り者って思われて、ボロクソ言われるだろうなって思っていた。

だけど、みんなは、

「おれらの分までがんばれよ!」

「絶対レギュラーとれよ!」

と言ってくれた。みんな、泣いていた。きっとこれから、試合ができなくなる悔し涙もあったと思う。でも、今まで練習で、きついこと言ってきたのに。みんなにイヤな態度をとってきたこともあったのに。みんなは最後まで優しかった。

優しすぎるよ、みんな……ぼくもいっしょに泣いた。

そして、二年の夏の地区大会が終わった翌日から、ぼくは隣りの高校の野球部の一員となった。

朝は自分の高校のグラウンドで自主練習をし、学校の授業が終わると、隣りの高校のグラウンドへ通う日々が始まった。ぼくは、新チームに合流して一週間後の練習試合でファーストのレギュラーを取った。地元に残ったみんなの分まで、ぼくががんばらなくては。

春の県大会では、チームは順調に勝ちあがって決勝戦までたどり着いた。対戦相手は、私立の甲子園常連校だ。

前のチームメイトたちは、なんと片道二時間かけて応援に駆けつけてくれた。

試合は接戦となった。3対3の同点で迎えた八回表。二アウト二、三塁のチャンスの場面で打順がぼくに回ってきた。

打つぞ、打つぞ！

意気込んで打席に立った瞬間、四人の顔がふいに頭に浮かんだ。

そしたら肩の力が抜けて、ぼくが打った球はレフト前へと転がり、ヒットになった！　この一本は、間違いなくみんなが打たせてくれたものだった。

試合には4対5で敗れて準優勝で終わった。試合後に、四人から「おつかれさん！　またがんばって！」とメールが来た。そうやって、あいつらはぼくが夏の大会で敗れる最後の日まで、ずっと応援し続けてくれていた。

甲子園には行けなかったけど、悔いはない。ぼくがここまで野球を続けることができたのは、あいつらがいたからだ。

ぼくが隣りの高校の野球部に行くと言ったとき、地域の大人たちからは、「なんでお前だけ行った？」と裏切り者という目で見られることも多かった。普通なら、そう思われてもおかしくない。

だけど、あいつらはそうじゃなかった。優しく送り出してくれた。そのうえ、がんばれ！　がんばれ！　と言って、応援してくれた。

高校で終わりだと思ってた野球も、大学から誘いが来て、今ぼくはさらに上のレベルで野球を続けている。ぼくらが生まれ育った地元では、高校の数もどんどん減って、人口も少なくなってきている。けど、いつかぼくは地元に戻って、小学生たちに野球を教えるのが夢なんだ。それが、小さい頃からいっしょに野球をやってきたみんなへの恩返しだと思っている。

みんなには、とにかくありがとうの気持ちしかないんだ。

自分の思いを取るか、人間関係を取るか——その板挟みに苦しんでいる人は多いだろう。そして多くの人が、結局は人に気を遣い、自分のやりたいことをしなかったり、言いたいことを言えなかったりしている。

それで、生き方を狭くしている人は多い。それだけではなく、不満を募らせ、絶えずイライラしている人さえいる。

しかし、自分のやりたいことをやったために壊れてしまうような人間関係というのは、果たして正しいと言えるだろうか？　自分の生き方を狭くしたり、不満をくすぶらせたりしないと維持できないような関係は、果たして本当に必要だろうか？

人が真摯《しんし》に何かを思ったら、たとえ関係が遠くなっても、それを応援したりしてくれるのが本当の人間関係ではないだろうか。その願いを認め、尊重し、許してくれるのが、本当に必要な存在というものではないだろうか。

Story 19
勝たなければよかった

——男子野球部員の話

おれは甲子園で全国制覇してしまった。

もちろん、優勝したいと思っていた。でも、甲子園に出られるなんて思っていなかったのに、まさかの春のセンバツ甲子園出場。さらに……優勝。しかも、体がそれほど大きくもないおれが、甲子園で活躍。お立ち台に立った試合もあった。

そして、あの日を境に、おれの人生は変わっていったのだ。

まず、どこに行くにも人から見られた。

「ほら、××高校の××くんよ！」

握手をせがまれ、サインをねだられ、いっしょに写真を撮ってと頼まれ……最初のうちは応えていたものの、だんだんうざったく思うようになった。

おれはふつうの、ただの高校生なんだ、そっとしておいてくれよ。

練習には毎日毎日大勢の見物客がきて、集中できなくなってしまった。見ず知らずのおじさんから声をかけられ、「練習中ですので」と言うと、「前はそんな応対じゃなかったのに、優勝して生意気になったな」と非難された。

招待試合に行けば、その先々でも周りを囲まれた。試合では温かい声援だけでなく、同時に厳しいヤジも飛んだ。凡打するたび、「大したことねーな!」「調子に乗ってんじゃねえか!」という冷ややかな声も聞こえてきた。

おれだけじゃない、仲間たちも同じだった。見られることに疲れてしまい……。もちろん、春夏連覇も狙ってはいたけれども、試合を重ねるたび心身ともに疲れ切っていき、再び優勝旗を手にすることなく、おれたちの高校野球は終わった。

進路を決めるにあたって、監督から、強豪で人気のある大学の名前が出た。でも、おれは甲子園で優勝できただけで満足。強豪の大学でバリバリ野球やるなんて考えてもいなかった。それに、もうヤジられたくなかった。

「そんなレベルの高いところ、ぼくには無理です」と答えたものの、監督は「せっかく誘ってもらってるんだし、後輩のためにも道を作っておきたいから」と。おれは自分の意に反して人気の強豪大学へと進んでしまった。

また厳しい練習が始まった。先輩からは、

「甲子園で優勝してるっつっても大したことねえな」と、またヤジられた。

おれは「××高校の××」ではない。いつしか、「××高校の××」という言葉に拒否反応するようになっていた。いつになったら、今のおれを見てくれるんだろうか……。

グラウンドでは先輩からヤジられ、練習が終わると、先輩に毎日のように連れ回された。おれを連れて歩くと、周りの女の子から注目されるから、それが嬉しいのだという。おれは客寄せパンダじゃない！　先輩のパシリじゃないんだ。

高校三年の夏、全国制覇できずに敗れてもおれは泣かなかったけど、大学に来ておれは何度か悔し泣きした。おれは何のためにここにきたんだろう。誰のために野球をやっているんだろう。それさえもわからなくなっていた。甲子園で優勝なんてしなきゃよかった。そうしたら、もっと気楽に生きられたのに……もっと、自由に野球ができたのに……。気がつくと、頬を涙が伝っていたこともあった。

そんな腐りかけていたおれに、優しく声をかけてくれる先輩がいた。

「お前はお前らしくやったらええねん。何も周りなんて気にせんと、自由に、のびのびとやったらええねん。楽しくやり！」
それを聞いて、おれの目からうわっと涙があふれ出た。
おれらしくやればいいのか。周りなんて気にしないで、おれらしく——。
その後、おれは懸命に努力し、レギュラーになった。それなりの結果も残した。

けれども、その後も野球を知る人と挨拶をすると、「あぁ、あのときの××高校の××さんだね！」と言われた。またか……。せっかく大学野球をがんばったのに。高校のおれはすごくて、今の自分がちっぽけだと言われているような感じがした。「甲子園優勝」は、一生ついてくるもんなんだな。なんだかとてもイヤだった。

大学を卒業し、おれはメーカーに就職。早速、野球にたずさわる部署へ配属された。内心、複雑だった。その会社の採用理由もきっと、「甲子園で優勝した××」だから。「おれ」にきてほしかったのではなく、「甲子園優勝経験者」に来てほしかったのだと思うから。

仕事をしていても、おれは「全国制覇した××」と言われ続けた。そんなある日、知人が監督をする高校に仕事で訪れると、「全国制覇したお前から選手に話をしてやってくれ」と頼まれた。おれは「全国制覇をしたばっかりに、自分はその後、イヤな思いをたくさんしてきた」と話した。いかにつらかったかを正直に話した。

するとある選手が、こう言った。

「でも……××さんのプレーに勇気をもらった人は、たくさんいると思います。ぼくたちも監督から××さんの話を聞くたびに、がんばろうと感じます。ぼくは日頃からどうすれば両親に恩返しができるか考えていますが、××さんは、全国制覇したことで親孝行ができているじゃないですか！　優勝したから、出会えた人もたくさんいると思います。だから、優勝したことを誇りに思ってください！」

そう言いながら目に涙をためている。周りの選手たちも、うなずいている。目が光っている選手もいる。

衝撃だった。

確かに、優勝したからこそ出会えた人がたくさんいるじゃないか……これまで自分の周りにあった殻《から》を、その高校の選手にカチ割ってもらえたような気がした。いろんなことにこだわっていた自分って、なんてちっちゃい人間だったんだろう。おれの目にも涙があふれた。選手たちに気づかれないようにそっとぬぐった。

その日以来、おれは変わった。周りからは明るくなったと言われた。

そして、数年ぶりに母校のグラウンドにも足を運んだ。今まで、なぜか怖くて戻って来られなかったグラウンド。ようやく後輩たちに言えた。

「お前たちも全国制覇しろよ！　いろんな体験ができるぞ」と――。

以前、陸上選手の高野進選手が言った言葉で、印象に残っているものがある。「この山をどう降りるかが、だいじ」。オリンピックでファイナリストになった後の言葉だった。

甲子園だけが高校野球ではない。人生は、その後も続く。

確かに、甲子園はすばらしい場所だ。一つの大きなゴールであることは間違いないだろう。しかし当たり前のことなのだけれど、人生はそこで終わりではない。甲子園に出場したら、あるいは出場を逃したとしても、その後も人生は続いていくのだ。

甲子園という山は、あまりにも高い。それゆえ、多くの選手が、それに登ることに集中するあまりに、「その後どう降りてくるか」ということを忘れがちだ。

しかし、これは覚えておいて損はないだろう。人生も同じで、どう登るのかと同じくらいに、どう降りてくるかということも、やっぱりとてもだいじなのである。

Story20 甲子園だけが高校野球ではない

――男子野球部員の話

正直、ぼくはチームで一番打てると思うし、守備だってダントツでうまいと思う。ケガをしていたわけでもない。病気をしたわけでもない。でも、高校三年の夏、ぼくは静岡県大会予選の戦いを、スタンドから見ていた。

ぼくは、〝甲子園〟を捨てた男だ。

五つ年上の兄貴の背中をずっと見てきた。

兄貴は、いくつかの高校から誘いがあった中、ある監督に惚《は》れ込んで、「この人の下で野球をやりたい！　この人なら間違いない！」と、県外の私立高校に進学した。

中学生だったぼくは、兄貴の練習や試合を見に行ったり、監督と話をさせてもらううちに、自分もその高校で野球がやりたいと思うようになった。

いや、その監督の下で野球がやりたいと思った。

大学で活躍し、社会人でも活躍してコーチまで務めた人、高いレベルの野球をきっちり教えてくれるところもそうだが、一人の人間として、惚れてしまった。

入学してみて、あらためて監督のすごさがわかってきた。自分の知らないことをいっぱい知っていて、どれもこれも勉強になることばかり。何か質問すれば、必ず答えてくれるし、監督の言う通りにやっていれば、本当に力がついてきたし、試合で結果も出た。練習はきついけど、日に日に自分が大きくなれるのが嬉しかった。先輩たちも、仲間たちも同じように力をつけ、甲子園だって十分狙える位置まで来ていた。

そんな順風満帆だった一年の終わり、信じられない話を聞いてしまった。

監督が、自身の地元の高校から招かれ、夏の大会後にはそっちに赴任してしまうということを……。頭をガーンと殴られたようなショックだった。どうしていいかわからなくなった。ぼくはどうしたらいいだろう。監督がいなくなっちゃったら、どうしたらいいんだろう。気がついたら涙がどっと出てきて、頬を伝っていた。

ぼくは考えた。いっぱい考えた。そして答えを出した。

監督についていこう。

ぼくはこの監督の下で野球がやりたい。だから監督が赴任する高校に転校する！

その学校は正直言って、強くはない。それより、転校をしたら、高校野球では規則で一年間試合には出られない。つまり、ぼくは甲子園を目指すことさえできなくなる。

でもぼくは、甲子園より監督を取る。将来、プロになるために、監督にいろいろ教えてもらうんだ、監督のそばにいないと意味がないんだ。

迷いは、全くなかった。

決心を胸に秘めたまま、二年の夏、ぼくはレギュラーとして県大会予選に挑んだ。信頼し尊敬する監督のもとでぼくが甲子園を目指すことができる最後のチャンス。ぼくはまだ二年生だったけど、気持ちは三年生の先輩たちと一緒。これに負けたら、もうぼくの甲子園はない。

けれど、激闘の末、あと一打、あと一点が足りず負けてしまった。

試合後の挨拶なんて、全然覚えていない。ベンチの前に倒れ込み、地面に額を押しつけて泣いた。先輩に起こされ、今度は先輩と抱き合ってワンワン泣いた。監督が学校を去ることをまだ知らない先輩たちが、号泣しながら「来年、お前が監督を甲子園に連れていってやってくれ！」と言ったのがつらかった。でもぼくは「はい」と声にならない声を出し、また大きな声で泣いた。

ぼくの甲子園も、そこで終わったのだ――。

大会後、監督に「監督についていきたいんです。ぼくは監督に教わるためにここへきたのだから、監督と離れたくないんです」。そう伝えた。

監督は驚いていた。「ここに残ったほうが甲子園に行けるかもしれない。でも、転校したら、もう公式戦には出られないんだぞ。甲子園も……ないんだぞ」

でも、ぼくは言った。「監督のそばで卒業まで勉強させてほしいんです！」
監督は大反対したけど、ぼくはもう決めたんだ。

転校先の学校は、甲子園を目指せるようなレベルではなかった。間違いなくぼくが一番うまい。けれども、試合には出られない。そんな中途半端なぼくを、仲間たちは受け入れてくれるだろうか……。でも、キャプテンをはじめ、みんなぼくを温かく受け入れてくれた。ありがたかった。そして、仲間たちが監督の下、日に日に力をつけていくのが誇らしかった。

もちろん、監督にへばりついていろんなことを吸収した。三年の春の大会も夏の大会も、公式戦には出られなかったけど、練習試合にはたくさん出してもらって経験も積めた。思った通り、監督の近くで、たくさんのことを学べたと思う。

三年夏の大会前、ぼくは仲間の練習のためにバッティングピッチャーを務めた。毎日投げた。肩が張っていたけど、みんなに少しでも上に行ってほしかった。ぼくを快く受け入れてくれた仲間たち。結果、一回戦は勝ったけど、二回戦で敗退。

試合が終わり、学校に戻ると、仲間たちは監督、コーチを胴上げ。「監督のおかげでぼくたちは強くなれた」と言っていた。

その後、なんと、みんながぼくを囲み、試合に出られなかったぼくを胴上げしてくれた。うれしかった。自然と、涙が頬を伝っていた。

そう、五つ上の兄貴は大学を卒業してプロ野球選手になった。あっという間に一軍で活躍し出した兄貴は、帰ってくるたび、「高校時代に監督から教えてもらったことが生きている」と話す。ぼくも、兄貴と同じ道を歩いていきたい。そのためには、もっともっと努力をしなきゃいけないのはわかってる。もちろん、絶対にやる!

高校野球を終えて、今、思うこと。
それは自分の信念を貫き通してよかったということ。
甲子園だけが高校野球ではない！

常磐線の水戸駅からバスで二十分くらいのところに、水戸市民球場がある。高校時代、茨城に住んでいたぼくは、野球観戦のためよくここを訪れた。来るたび、神聖な気持ちになった。というのも、ここは一九八四年の夏、甲子園優勝を成し遂げた取手二高が、地方大会の決勝を戦った場所でもあるからだ。吉田キャプテンが率い、石田投手が投げ、名将・木内幸男監督が采配をふるった場所だ。ちょっとセンチメンタルなのだけれど、この球場に来るたび、ぼくは目をつぶった。そうして、過ぎた日に、取手二高がここで試合をし、甲子園出場を決めたときのことを想像してみるのだった。

するると、まぶたの裏では選手たちが駆けめぐり、スタンドを埋め尽くした観衆の大歓声が、それを包み込む。日本には、各都道府県に、ここと同じような神聖な場所がある。甲子園だけが、高校野球ではないのだ。

Story 21

一人だけ残った三年生

——男子野球部員の話

高校二年の春、ぼく以外の同学年の部員がいっせいに退部しました。

仲間は、新しく来た有名監督の厳しい練習に耐えられなかったのです。それに、たくさん入ってきた新入部員が全員、実力ある選手だったことも原因でした。予想どおり、後輩たちがレギュラーに入り、ぼくは補欠になってしまいました。

三年生が引退すると、監督は、唯一の二年生であるぼくに、

「今日からキャプテンを務めろ」と。

補欠であるぼくがキャプテンだなんて……帰り道、不安が押し寄せてきて悩みました。

でも、キャプテンになったからには、ぼくにできることをやるしかない！

次の日から、朝練は誰よりも早く来て、終電ぎりぎりの最後まで自主練習。普段から、服装や礼儀もきちんとするように心がけました。

体の小さいぼくが、チームに少しでも貢献できるように、セーフティーバントを何度も繰り返し練習。けれども、練習試合にたまに出られても、全く活躍できず、監督から容赦なく怒られました。

「バカヤロー、お前の努力が足りないからチームが負けるんだ！」

「気合入れろ！」

悔しいし、情けなくて涙が出ます。それでもチームのために自分にできることを徹底してやるんだって、その一心で練習に打ち込みました。

そして、二〇〇九年七月十一日、三年最後の夏の高校野球、千葉県大会一回戦。

先制点が入り、追加点が入ります。ぼくはベンチでチームを応援。

「おい準備しろ」。突然の監督の声。

まさか。

四回裏一アウト一塁二塁。こんな大事な場面でぼくが代打……。

よし、何度も練習したバントで走者を進めよう。

監督のサインもその通りでした。

一球目、ボールは大きく外れました。荒れ球。再度、監督を見ると、今度はサインがない。「打っていいぞ」。その目がそう言っていました。


二球目、ぼくはバットを大きく振り切った。

打球は逆方向のセカンドの頭を越えている！

がむしゃらに走った。まだ、外野がボールに追いついていない！

夢中で二塁を回って、サードコーチャーを見ると、彼は腕をぶんぶん回していた。

ホームまで行ける！

無心でスライディング。

「セーフ！」

頭の中が真っ白になった。歓声も聞こえない。ふらふらとベンチへ戻ると、監督がよくやったという目で僕を見て、人差し指と人差し指を合わせてのタッチ。

ぼくの高校野球で初めてのホームラン！


そして、それが高校野球三年間で最後の打席となりました。チームは次の三回戦まで勝ちあがりましたが、敗退。ぼくの出番はなし。

「先輩を甲子園に連れていけなくてすみませんでした」

「ぼくらの力が足りなかったから」

後輩たちはみな泣いていました。補欠のぼくなんかのためにみんなが涙を流してくれるなんて。最後に監督から、

「このチームはお前のチームだった。控えであっても、お前が中心だった。そして野球の神様は必ず努力してる人を見てるんだな」と言われたとき、こらえきれずぼくも泣きました。

ランニングホームランを打った日、母の墓前で
「今日勝ったよ。ホームラン打てたよ」

と報告しました。ぼくが小学校二年のとき、母は病気で天国に行ったのです。

「自分ができることを一生懸命やりなさい」

亡くなる前に残した母の最後の言葉。だから、どんなに苦しくてもつらくても野球をやってこられました。


あのホームランはなんで打てたのだろうと自分でも不思議。でも間違いなく、母の言葉があったから打てたんです。あの試合の日、校歌を歌いながら青空を見あげ、

「お母さん見ててくれた？」

と心の中で、つぶやきました。

野球が「なぜ筋書きのないドラマ」と呼ばれるのか？

それは野球というゲームの、そのシステムの中にある。野球というのは面白いもので、他の多くのスポーツのように、時間や点数で区切られていない。だから、続く場合はどこまでも続く。どこまでも終わらない。例え0対100で負けていようと、ゲームセットになるまでは、逆転の余地を残しているのである。

ここに、人間の心というものの入り込む「隙間《すきま》」が生まれる。強い心も弱い心も、この隙間に流れ込んでくるのだ。そのため、信じられないようなドラマが数多く生まれる。

このエピソードも、まさにそんな話だと思う。彼のホームランは、彼のチームを思う真摯《しんし》な心と、母への思慕が生んだものだ。

ぼくは、野球をどんなスポーツかと聞かれたときに「心のスポーツ」と答えている。心のあり方が、勝敗の鍵を握っているのだ。

おわりに

飲食店には「まかない飯」というものがある。客ではなく店員用にまかなわれるご飯のことだ。

この「まかない飯」には、お客さんに出すには不格好だけれど、味としては美味しいものが出されるケースが多い。すると希《まれ》に、その味が評判を呼んで、お客さんに出すメニューに昇格するというケースもある。焼き肉でいえば「タン」、魚でいえば「マグロの中落ち」などが、このケースに当たる。

この『甲子園だけが高校野球ではない』は、そんな「まかない飯」に例えられるだろう。高校野球担当の記者や編集者が、これまで取材してきた中で美味しい（面白い）エピソードを見つけたものの、誌面に載せるには今一つ体裁が悪いために、涙を飲んで店員（記者や編集者）たちのあいだだけでまかなわれ（語り継がれ）てきたものだからである。

そんな「まかない飯」が、しかし数が集まるに連れ、これを厨房《ちゅうぼう》だけで独占していたのでは惜しいという気持ちが、廣済堂出版・編集担当の戸田雄己さん、江波戸裕子さん、丸田明利さん、楢木真隆さんらのあいだで高まった。そうして今回、こうして本という形で出版されることが決まったのだ。

この本には、体裁の良いエピソードというのは一つもない。しかし、プロの料理人を唸《うな》らせた、抜群に面白いエピソードたちが集まっている。そんな「まかない飯」にご興味がおありの方は、楽しんで頂けるのではないかと、監修者として自負している。

二〇一〇年夏　　岩崎夏海

取材・文 瀬川ふみ子、安田未由
表紙・本文デザイン 井上新八
イラスト ヒラノトシユキ
DTP 三協美術
編集担当 江波戸裕子、戸田雄己、丸田明利、楢木真隆 (以上廣済堂あかつき)

Special Thanks
石井忠道、石田剛士、いけだてつや、岩本大輝、F&S、上野愛美、上野貴寛、小川龍也、大水洋介 (ラバーガール)、大原　茜、柏本優作、菊池　譲、神垣　麗、小松崎　章、佐久間佳祐、白井秀明、高橋みずき、高柳　敦、田口　亮、武田　泉、田中　優、谷口祥子、野口汐里、野呂義光、野崎美夫、真下広隆、matu&sato、直井友紀、南部祐里、光井淑子、光井美佐子、理解構造 (ニッケルバック)、山崎珠嗣、山志多みずゑ、山田由佳、Ryuya、渡部　建 (アンジャッシュ) (五十音順)
ホームラン編集部

〔監修者〕
プロフィール
岩崎　夏海（いわさき・なつみ）

1968年7月生まれ。東京都日野市出身。東京藝術大学美術学部建築科卒。大学卒業後、作詞家の秋元康氏に師事。放送作家として「とんねるずのみなさんのおかげです」「ダウンタウンのごっつええ感じ」等のテレビ番組の制作に参加。アイドルグループ「AKB48」のプロデュース等にも携わる。その後、ゲームやウェブコンテンツの開発会社を経て、現在は作家として株式会社吉田正樹事務所に所属。著書「もし高校野球の女子マネージャーがドラッカーの『マネジメント』を読んだら」がベストセラーに。

甲子園だけが高校野球ではない

2010年8月4日　第1版第1刷
2011年4月5日　第1版第14刷

監修者　岩崎 夏海

発行者　矢次 敏
発行所　廣済堂あかつき株式会社
出版事業部

〒104-0061 東京都中央区銀座3-7-6
電話 03-6703-0964（編集）
03-6703-0962（販売）
FAX 03-6703-0963（販売）
振替 00180-0-164137
URL http://www.kosaidoakatsuki.jp

印刷所
製本所　株式会社廣済堂

ISBN978-4-331-51471-9 C0095